解放
城市底片

解放
城市底片

1954—1958

意气风发时
The Remolding

解放日报 编著

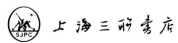

上海三联书店

《解放·城市底片》丛书编委会

主　　任：李　芸　陈颂清
编　　委：周智强　徐锦江　徐蓓蓓　缪毅容
　　　　　马笑虹　董　强
成　　员：陈启甸　黄　韬　高宝中　王晓鸥
　　　　　郭泉真　盛晓虹　谭新政　朱泳武
　　　　　张　陌

《意气风发时》

摄　　影：俞创硕　陆顺兴　董为焜　赵立群　毕品富
　　　　　贾振福　陈　莹　钟果行　郭仁仪
主　　编：陈颂清
副 主 编：徐蓓蓓
特约审读：熊月之
执行主编：张　陌
撰　　文：王　潇（1954 年部分）　梁建刚（1955 年部分）
　　　　　龚丹韵（1956 年部分）　朱珉迕（1957 年部分）
　　　　　沈轶伦（1958 年部分）
编　　校：王晓鸥　章迪思
图片整理：项建英　田　彪　黄海运
统　　筹：盛晓虹

1954—1958

1954 –

1958

目 录

致 敬

　　自 1949 年新中国成立到 2003 年胶片相机逐渐淡出新闻摄影领域，这段时间内，解放日报社积累了近百万张珍贵的历史资料底片。为更好地挖掘这批珍贵资料的丰富内涵，我们筹划推出了《解放·城市底片》丛书，将分年代陆续分册出版。这是我们第一次比较系统化、规模化地梳理并向社会介绍解放日报图片资料的尝试。

　　这是一套以影像为主线的丛书，许多珍贵图像是首次与读者见面。在策划之初，我们就确立了"让影像可读"的原则，因为单纯的影像尚不能完整反映这个国家、这座城市一个甲子多以来极不平凡的求索历程，所以这套丛书不仅仅是画册，我们尽量查索钩沉，努力使得每一幅图片都能承载更多的历史信息，传递更多的时代背景。

　　我们查阅和引用的素材以相关年代的新闻报道为主，其中绝大部分源自解放日报当时的报道。这样的图文结合，或许不够全面充分，今天看来甚至可能带有一些历史的局限性，比如，对一些历史事件或人物，其是非曲直，今天看来或许就会不尽相同，相信读者自有评判。而这正是历史的印迹。

　　虽然有些底片存在着划痕、污迹（我们并未全部进行修饰），但解放日报社的这批历史资料底片由于保管完善，影像质量总体上仍然极好。这背后，几十年来，有多少位解放日报新闻摄影工作者的心血倾注其中！

　　回溯这批历史资料底片的保存过程，其缘由本身也极具时代印痕。自 1949 年 5 月 28 日创刊始，解放日报社就建立了严格的底片管理制度，并一直严格执行着，加之当时相机、胶卷精贵，所有报社配发摄影记者的相机必须备案，记者在采访之前还须遵制向报社登记领取胶卷，初期每次最多领取两卷，其后情况改善，但基本上

1957 年 12 月 5 日，解放日报第一批被批准下乡的干部名单公布，报社工
会报喜队准备前去向被批准下乡的 7 名记者、编辑报喜。解放日报是在"经
过积极争取后，被列入第一批下放干部单位中"的。

也只能领到 5 卷上下。拍摄完毕的胶卷均原卷如数交还报社，由专人放大冲印、统计保留包括废片在内的胶片数量，最终存档并向报社报销。在那个底片时代，解放日报社还对每卷底片成品率提出过要求，比如 36 张一卷的 135 胶片，拍摄后成品至少须达到 33 张，否则就说明摄影记者没有尽心尽职，造成浪费。

敬业正派的一代代解放日报新闻摄影工作者，给我们留下了一页页珍贵的历史记录；严格规范的管理制度，使解放日报社得以比较完整地保存下了这批珍贵的底片。

可以说，是解放日报老一辈新闻摄影工作者的勤勉敬业严守规范，是解放日报社薪火相传的优秀报业传统，成就了今日这套《解放·城市底片》。每次看到这一幅幅充满历史沧桑感的影像，抚往追昔，我们都由衷地赞叹和感佩。在此，谨以《解放·城市底片》丛书向解放日报历年来所有新闻摄影工作者，向报社历任领导、摄影部门负责人，以及历年来为保存这些资料图片付出辛勤劳动的报社员工，表达我们崇高的敬意和真挚的感谢。

由于年代久远，某些图片和其对应的拍摄者可能会存在错漏，但我们仍旧尽力根据底片档案上的信息制作了作者索引，以志尊重和纪念。

谨以此书，致敬前辈，致敬历史。

《解放·城市底片》丛书编委会
2015 年 7 月

1954
1955
1956
1957
1958

意 气 风 发 时

不同的甲午记忆

1954 年 7 月 6 日的《解放日报》2 版头条，沪上知名法学家、71 岁的罗家衡在署名文章中激动写道："我活了这么大的年纪，从来没有看见过这样波澜壮阔的民主制宪运动。"

这样充满个人感情的表达，在他此前发表的文章中从未出现。

1954 年，中华人民共和国第一部宪法诞生。对于罗家衡这位从 1913 年起就亲历了数次"制宪"运动的花甲老人来说，这是一部"五十年来祈求不得的人民宪法草案"，因此"特别感到激动和兴奋"。

文章中，罗家衡比较了新旧两个时代的多个宪法——

"中国历史上的第一个宪法文件是满清皇朝光绪三十四年'颁发'的'宪法大纲'。'大纲'是清廷在甲午战争中大败于日本之后，为的是缓和革命运动，减少人民的不满，所以本意并不想搞什么宪政。因此'大纲'里充满皇权气息。譬如：'大清皇帝统治大清帝国万世一系，永久尊戴'；'君上'有'召集，开展，停展，及解散议院之权'等。"

"蒋介石为了巩固他的统治，也搞了一套'宪法'，就是臭名远扬的'五五宪草'。譬如它在表面上宣称：'人民有身体之自由'，但接上就说：'非依法律，不得逮捕，拘禁，审问或处罚。'后来，与这一条相呼应，就出现了所谓'异党分子惩治条例'（大意如此，原名已记不清楚）。不知多少先烈，就在这个'条例'之下，被押上了绞架。"

罗家衡认为，"中国人民自己制定的第一部宪法无论从它的内容或是制定的程序来说，它都是真正民主，真正反映了人民的利益和要求的。从程序方面来看，它在成为正式草案以前，就广泛吸收了各方面的意见，组织了八千多人参加讨论，

各方面提出的修正意见有近六千条之多。正式草案公布后，还要展开而且已经展开全民的讨论。"

新旧两个时代的对比，在 1954 年尤其意味深长——1954 年是一个甲午年。

中国人对"甲午"有特殊记忆。一甲子前，1894 年，那场日本侵略中国和朝鲜的战争，以中国失败告终，使中国从此走向深重灾难长达数十年；而 1954 年，中国抗美援朝战争胜利，志愿军把美军从鸭绿江边赶回三八线，硬生生夺回"国际大国"的话语权。

也是在这一年，国家稳步进入"一五计划"的第二年，工业化拉开帷幕。已经 5 岁的新中国，人们能听到她奔跑的声音。上海作为全国的工业重镇、经济重心，步伐更是紧锣密鼓。

为了完成第一季度的生产计划，上海多个钢铁厂、纺织厂没有停工，许多工人为保证春节前后不缺勤，把已经订购好的火车票、船票都退了，决心留在上海度春节。老师傅糜海泉原来准备提前请假回家，后来也不要请假了。他说："我早回乡也没有事，空下来就坐在乡下茶馆里谈谈玩玩，还是在上海好，多生产一天可以多为国家创造一些财富！"

这一年，全国扩展公私合营，上海是重头。负责这一工作的时任中共中央统战部部长李维汉在扩展合营会议总结报告中透露，1954 年全国各省市扩展公私合营工业企业 622 户，产值为 19.9 万余亿元，"其中华东占三三七户，产值十五万亿多元。可见华东地区数量最多，为全国重点；而上海又是华东地区的重点。"

上海早有承担起恢复和发展国民经济重任的意识。在上海市第一届人大一次会议召开之际，《解放日报》报道："上海是全国最大的城市，工业集中，产业工人多，

　　且有较高的技术水平，上海的文化教育事业也比较发达……上海人民有责任培养建设人才、积累建设资金、提供技术装备以支援全国重点建设，有责任与其他工业基地一起，供应全国人民日益增长的生产上和生活上的需要。"

　　这一年，同济大学铁路系毕业生金振华决心"做铁路上的枕木和道钉，让建设社会主义的列车，在这上面驶过"。和他一起毕业的 67 位同班同学，得知国家将进一步集中力量进行重工业的建设和铁路的建设，在登记表上都填上了"无条件服从统一分配"，从上海走向全国各地。新中国成立以来，华东地区 50 所高等学校，为国家输送了超过 3.8 万名工业、师范、医药、农林、财经、政法、文化、艺术、体育等各方面的建设人才，其中上海地区的高等学校毕业生有 1.8 万多人。

　　许多个"全国第一"也在上海诞生。3 月 20 日，我国建造的第一艘大型江轮快速轮"民众"号在黄浦江下水。它是当时长江航行中速度最快、式样最新的客轮。老人们记得：它的船头是向前伸斜式，像一排宽阔的洋房，船尾是巡洋舰式，船杆上的旗子迎风飘展。9 月 25 日，上海电机厂的六千千瓦汽轮发电机进入第三天的紧张试验。这是新中国第一台六千千瓦汽轮发电机。这部发电机制造完成以后，将同上海汽轮机厂正在制造的汽轮机、上海锅炉厂的锅炉、华通开关厂的控制设备，组成全套的火力发电设备。

　　许多"旧的"慢慢被"新的"取代。人民广场大道的装饰工程全部完成。旧有的煤屑大道大部分不见了；被称为上海"龙须沟"的肇嘉浜开始动工填埋，计划将辟成一条宽广美丽的林荫大道。

　　当然这些工程，也依靠这个城市里的人民万众一心。肇嘉浜的挖泥工程单靠工人不够，于是到了周末，同济、交大、华师大、上海师院、外语学院的校长、教师率领学生，浩浩荡荡地赶来；南洋模范、徐汇、龙华等中学的师生也不甘落后，倾校出动。

中苏友好大厦建设过程中，有不少人来义务劳动，"把抬一筐土、搬一块砖作为无上的骄傲和光荣。很多人挑土挑得手上起了泡、肩膀红肿了，但仍是欢乐地唱着歌，继续劳动"。

1954 年的上海，一步步为着人民福祉，全速奔跑。

新年联欢会

1.**1**　　1954 年 1 月 1 日的新年联欢会上，时任华东局第二书记的谭震林与劳动模范举杯，互致新年祝贺。当天，中共上海市委、上海市人民政府和上海总工会联合举行联欢大会，招待全上海的劳动模范和先进工作者。联欢会既是为了庆祝我国第一个五年建设计划第一年度——1953 年取得的各项成就，也是要鼓励大家在 1954 年中继续发挥上海工人阶级及全体人民的积极性与创造性、争取更大的胜利。

中福会少年宫

1.3　　1954 年 1 月 3 日，中国福利会少年宫举行新年联欢会。中福会少年宫是 1953 年 6 月 1 日由宋庆龄亲手创办的，是新中国第一所综合性、群众性的少年儿童校外教育机构。少年宫不仅是少年儿童"梦开始的地方"，同时也是他们健康、全面发展的"金色摇篮"。"一批批耀眼的艺术明星、科技才俊，一代代热爱生活、积极进取、人格健全的社会主义建设者从这里走出。"

包装笋干

1.**30**

1954 年 1 月 30 日，国营中国土产公司上海市第一门市部的包装工人正在加紧包装笋干。当年春节，第一门市部的营业额超过平时 5 倍。国营商业部门、合作社准备了大量副食品和年货，供应市民们欢度春节时的需要。据报道，当时的上海市合作社已充分准备了猪肉、鸡蛋和水果等，并有计划地组织商贩运毛鸡和蔬菜。该社还在浙江等地采购 10 多万担鲜鱼，分批运往上海。

公园集体舞

2.**3**　1954年2月3日，市民群众在劳动公园广场跳起集体舞，一位女青年邀请一名战士共舞。当天是1954年春节的大年初一，上海人民开展了丰富多彩的文化娱乐活动。全市各剧院、电影院满是欢乐的人群。许多文艺演出团体分别参加了各区的军民联欢演出，并在各工人俱乐部、工厂、部队和郊区农村为工人、农民、战士们巡回演出。而青年们都喜欢参加集体舞蹈和各种游艺活动。

唱青浦田歌

2.**4**　1954 年 2 月 4 日，上海工人代表团访问青浦时，青浦农民为上海工人演唱青浦田歌。春节期间，上海市总工会组织了超过 1.7 万人的 19 个工人代表团，分别到青浦、上海县、宝山、苏州、南通、扬州、淮阴、盐城、嘉兴、杭州等地区访问农民。随同下乡的还有电影队、工人业余文工团、杂技团，为农民兄弟作慰问演出。代表团还把上海工人亲手制成的抽水机、喷雾器、杀虫药剂和日用工业品等礼物，带去送给农民兄弟。

春节不缺勤

2.5   1954 年 2 月 5 日，保证春节不缺勤的国棉九厂胡四妹小组在换衣间换衣上工。往年春节前后几天，总是缺勤最多、产量很低的时候。而当年春节前夕，许多工厂职工，经过党、行政、工会和青年团的教育，进一步认识到完成国家计划的重大意义，纷纷提出了在春节前后不缺勤的保证。有的把已经订购好的火车票、船票都退了，留在上海欢度春节。

大世界联欢

2.**9**

1954年2月9日,嵩山区人民政府和人民团体在大世界游乐园举办新年联欢会,慰问军烈属。其后,在1954年和1955年间,大世界游乐园改名"上海人民游乐场",成为上海文化演艺的重要场地。1954年曾有家住附近的读者给《解放日报》写信抱怨不得安睡之苦:"大世界游艺场每逢排戏时,清晨三四点钟就锣鼓喧天地敲打起来,周围的居民就得从好梦中惊醒。"

毕 业 生

1954 年的 2 月，同济大学铁路系，68 名学生在寒假毕业。

毕业生许一民在 3 月 1 日的《解放日报》上发表了自己的毕业感言《把青春的活力献给祖国铁路建设事业》。其中，他对比新旧时代的上学经历颇有意思。

许一民曾于 1948 年考入震旦大学。1949 年 11 月，他读完了一年法文，升入工学院一年级。

在当年，他写道："虽然上海已经解放了半年，可是震旦大学还充满了黑暗，以教务长为首的一批披着宗教外衣的法帝国主义分子，打着办教育的幌子，统治着整个震旦大学。学费每个学期要二百五十个单位，我一时缴不出这么多，他就几乎每天都在我上课的时候把我叫去讨钱。他摆着一付学店老板的面孔威胁我说：'学费缴不齐，就不能参加考试！' 他又派了校工到我的保人那里去讨钱，那时我真是急得走投无路，钱借不到，书也读不进去。十二月一日的上午，他叫了我去，对我说：'一百个单位只能读一个月的书，等有了钱再来读吧！' 就这样，给了我一张一个月的肄业证明书，逼迫我离开了学校。"

1951 年夏天，许一民"做梦也想不到"又进入大学，"并且是人民的大学"。他说，"在人民的大学里，到处是亲切的眼睛，到处是关怀的神色。几年来，我一直享受着人民助学金的待遇，没有鞋子，没有衬衫，公家特别照顾我，发给我，每个月还有生活补助金给我零用，祖国对我的关怀真是无微不至！"

许一民说，这是旧社会和新社会两种制度的根本不同。"我也明确了我是在为谁学习。两年半来，在老师们的亲切教导下，我初步学会了修建铁路的技术，每个学期学习成绩都在八十分以上，但是，这些和祖国建设一日千里的要求还是很远的。……我一定要把我的青春活力献给祖国铁路建设事业。"

与许一民同班的其余 67 名学生都在统一分配登记表上，填上了自己的志愿——无条件服从统一分配。

不过这些理想对于这些年轻人来说，并不是一进入大学就有的。

2 月 28 日的《解放日报》，也报道了这个班同学的故事。学生周华樵曾认为：铁路有啥学头，只要摆两根钢轨，铺几条枕木，既没有丰富的学习内容，又显示不出自己的"伟大气魄"。他一开始的兴趣是"电机"或者"结构"，一心想转系，结果一年级物理不及格。专业划分以后，开始接触到铁路建筑的技术课程。周华樵才发现这是一个复杂艰巨的工程，

1954年2月12日，同济大学李秉成教授正在为学生讲解机车性能和铁路定线设计之间的关系。当年是中国第一个五年计划建设第二年，国家进一步集中力量进行重工业和铁路建设。同济大学铁路系三年级寒假毕业同学共有68人，同学们的理想是：不论是西南山区，还是祖国的边疆，哪里需要修铁路，我们就把铁路修筑到哪里。

"是直接关系着人民的生命安全和祖国的建设事业"，周华樵从此下定决心要钻下去，学好每一门功课。三年后成绩平均分达到 84 分。

这些学生是那个时代大学毕业生的缩影。1954 年，作为新中国第一个五年计划建设第二年，国家将进一步集中力量进行重工业和铁路建设。在那个春天，华东片区有 1900 个高等学校毕业生，走向全国各地工厂、矿山、勘探队、农场、学校、医院和机关中，成为祖国建设事业的一支生力军。

《人民日报》的元旦献词这样写道："这些建设将对我国工业化起决定作用"，"九条新的铁路……已经施工"。

1954 年 8 月 19 日，交通大学、华东师范大学、上海财经学院、
同济大学四校的毕业生奔赴内地的工矿企业，支援祖国建设。

儿童医院成立

2.27 1954年2月27日，上海市市立儿童医院成立。上海市卫生局将分散的医务力量集中起来，成立了当时本市唯一的儿童医院，分保健、门诊、住院三个部门。随着国家经济建设的恢复与发展，上海市每年都建立了一些新的卫生医疗机构。在保护儿童健康方面，除综合医院的小儿科以及专设的市立儿童医院和上海第一医学院儿科学院外，上海市还在各个妇幼保健所内开展了婴幼儿保健工作，使托儿所及散居儿童都能获得新育儿法的照顾。

1954.3.20

"民众"号下水

3.20 1954年3月20日，我国建造的第一艘大型快速江轮"民众"号下水。据当时报纸形容，"这一艘身长七十八公尺的大客轮，航行在黄浦江里就好像是一只螳螂那样的活泼"。"民众"号由上海江南造船厂制造，是当时航行于长江中速度最快、式样最新的客轮。它的下水，标志着新中国工业的新发展。船上的铸钢龙筋、推进器的美人架、油压舵件等的成功制造，是我国造船工业史上的重大成就。

运牛到上海

3 月

1954 年 3 月，航运于长江苏北一带的长航船只将牛群运到上海。公私合营长江航运公司筹备委员会宣布于 4 月 1 日起降低苏北线运价。这是公私合营后该企业单位的新气象之一，也是苏北线航业有史以来首次降低运价。解放后几年间，虽然国营航业运价不断降低，但私营苏北各线的船舶，相互之间盲目竞争，追求高额利润，致运价又高又乱，影响物资交流，如盐城的小麦、东台合德的棉花大多只能改道从镇江由火车转运来沪。

争议豆饼肥

3.22　1954年3月22日，为供应郊区农民生产需要，上海合作社联合社囤积准备了大量豆饼肥料。当年开春，全国各地供销合作社十分重视春耕生产资料的供应，都把组织生产资料供应农村，支援春耕，作为当时的紧急任务。不过对当时喜欢将豆饼作肥料的做法，也有不同意见。《人民日报》曾发文希望改变这种施肥习惯，在猪饲料供应不足的情况下，"用豆饼作饲料，多积厩肥，用厩肥上地，这样既能解决肥料问题，又能增加猪的饲料。"

"大肠菌没了"

3月

这是 1954 年 3 月拍摄的上海市自来水公司。自 1952 年上海军管会征用了这个企业后，在短时期内增排了大量干管，到 1954 年时，沪西地区的水管已延伸至北新泾、漕河泾地区，部分郊区农民也可饮用自来水了。根据当时统计，从上海自来水公司每分钟要流出 200 多吨洁净水，供应 60％ 的上海城市工业和生活用水。此外据报道，自来水公司还对引入的黄浦江水进行"氯气消毒，大肠菌一只也没有了"。

花样听意见

4.8   1954 年 4 月 8 日，作为向乡村送贸易活动的一个内容，松江花布展举行。当年，花布是一项反映人民生活水平的重要象征。为深入了解农民对花布花样的意见，华东纺管局等企业部门汇集各印染厂出产的各色印花布、印花直贡、印花哔叽、麻纱、平布的花布样子 200 多种，集中展示，打算根据当地农民的意见，来进一步改进花色花样。

绘制动画片

4.**14** 1954 年 4 月 14 日，上影厂工人正在校对该厂绘制的动画片成品。该厂 1953 年先后摄制完成了《小猫钓鱼》和《采蘑菇》两部动画片，当年又在摄制一部《好朋友》。除此之外，东北电影制片厂和上海电影制片厂已陆续译制了苏联和各人民民主国家影片以及资本主义国家进步影片 40 多部。

灌制唱片

5.**4**   1954年5月4日，上海人民唱片厂灌音室工作人员正在进行灌音工作。随着机关、工厂等不断举办群众性文娱活动，唱片音乐欣赏会也逐渐流行，对优质唱片内容的需求越发增大。为满足需要，上海人民唱片厂新灌和翻制了许多儿童唱片。自7月份开始，唱片厂还复制了不少苏联唱片，极受音乐爱好者的欢迎。此外，为了庆祝全国人民代表大会会议开幕、宪法诞生和迎接国庆，上海人民唱片厂还主动降低了"人民唱机"的价格。

11 个月建成的大厦

在相当长一段时间内，上海建筑界似乎有个不成文的规定：所有楼宇的建造高度，不能超过苏联老大哥的那颗红星。

就是在上海展览中心顶上的那颗。

这幢建筑有一个曾用名：中苏友好大厦。包括那颗红星在内，大厦高度为 109 米，打破了当时上海最高建筑国际饭店 83.8 米的纪录。

中苏友好大厦 1954 年 5 月 4 日开工，次年 3 月份竣工。半个多世纪后的今天，它的名字叫上海展览中心。这座布局对称、轴线明确、建筑主体由半圆形拱券柱廊和金光闪耀的五角星尖塔构成的庞然大物，带有鲜明的俄罗斯古典主义建筑风格，雄伟而华丽，占地 9 万平方米。大厦坐北朝南，正南是大广场，有音乐喷泉。主楼矗立正中，上竖鎏金钢塔。大厦展厅及附属建筑，层层往后延伸，衬托出整个建筑巍峨雄壮的气势，与主塔相辅辉映，金光灿烂。很长一段时间里，它是上海最主要的标志性建筑。

工程其实开始得有些仓促。

1952 年，周恩来总理率代表团访问苏联，约定 1955 年 3 月苏联经济和文化建设成就展览会在上海中苏友好大厦举行，全新的大厦目标由此确定。1954 年 4 月苏联结构工程专家郭赫曼来沪考察，当天晚上，郭赫曼在招待宴上喝醉说了大话，"工程 5 月 1 日可开工"，第二天，便上了报纸头条。苏方专家组成员安德烈耶夫只能立马召集紧急会议，"现在全世界都知道了，所以我们只能靠集体努力，千方百计达到这个目标。"

那时离开工只有不到 20 天的时间，最迫切的任务是拿出设计方案。

中苏专家讨论后决定，从功能出发，把实用摆在第一位。只用了 7 天时间，这座外立面参照圣彼得堡海军司令部的大厦，1:100 的设计方案图就完成了。

为了按时竣工，一线的工人、技术人员和职员都加班加点工作。虽然开工的第一个月里几乎一半是雨天，可原计划 53 小时完成的中央大厅底板工程，在 42 小时内即告完成。

1954 年 5 月 4 日，中苏友好大厦开始动工，图为放置在开工仪式一角的中苏友好大厦模型。

程启根大组 36 位工人，工作量连续超过 3 次定额。第一工区还成立了混凝土工青年突击队，52 人分为两队，带动全体工人投入质量竞赛。上海的很多团员和青年听到消息，争先恐后地要求青年团组织允许他们参加该工程的义务劳动。艺术家则为建筑设计制作了大批豪华浮雕和精美花饰，在上海大型建筑的室内设计中首次构建了俄罗斯古典主义的美学趣味。

1955 年 3 月初，中苏友好大厦按时完工。几天后，1 万多件展品布置完毕，展览盛况空前，有老人至今曾记得当年观展时的心情："排队排了很长时间，可以说是全城倾巢出动。看了也真是感慨，都说社会主义好，怎么好呢？就是苏联这样子。"

中苏友好大厦 1968 年改名为上海展览馆，1984 年改为现名上海展览中心。作为上世纪 50 年代上海兴建的第一座大型建筑及第一个展览馆，它在上海人心目中有着不可撼动的地位，也成为那个特殊时代里特别的印记。

1955 年 3 月 13 日，潘汉年副市长与苏联专家在新落成的中苏友好大厦前合影。

西郊公园开放

5.**23**

1954 年 5 月 23 日，新落成的西郊公园开放。带溜冰场的西郊公园是当时上海市最大的公园，面积有 421 亩，比上海原有最大的公园——中山公园要大一半左右。开放之初，游人如潮。由于游客过多，大大超出公园最大容量，影响了公园内外秩序，园内花草树木及沿途农作物也受损失，因此公园只得于 6 月 6日暂停开放，进行整修，直到当月的 22 日才重新开放，并限定每日游园票数为 4 万张。

音乐人才培养

6 月

1954 年 6 月，中央音乐学院华东分院的学生在琴房中练琴。音乐分院和解放前的"国立音专"不同，不但增设了民族音乐研究室、编译室，还成立了乐器制作室和附属中等音乐学校。本科设有管弦、钢琴、作曲、声乐等系，培养作曲、演奏、演唱的专门人材和专科学校的音乐师资。当时，全院师生有近 500 人，有钢琴 130 多架，唱片 6000 多张，图书乐谱 1.5 万册。教学器材与解放前比增加了 5 倍以上。

昆曲训练班

6.23   1954 年 6 月 23 日，华东戏曲研究院昆曲演员训练班的男学生在训练基本动作。
为发扬我国优秀的古典艺术传统，华东戏曲研究院创办的昆曲演员训练班，经
过半年来的筹备，在当年 3 月初开学。训练班共有 60 名男女学生，昆曲界几
位著名老艺人如朱传茗、沈传芷、薛传纲、张传芳、王传渠、周传沧、袁传藩
等都在该班任教。

平衡木训练

6 月

1954 年 6 月，华东体育学院女子平衡木运动员在训练集体动作。华东体育学院成立于 1952 年，由南京大学、金陵女子大学和华东师范大学的体育系科合并而成。自建校之始，华东体院就在国内许多重大赛事中崭露头角，但也暴露出教学、管理不甚科学等问题。1954 年 6 月，《解放日报》发表读者来信透露，因体育锻炼时不注意安全，体院学生受伤现象严重。当年 3 月份，校本部 186 名学生中，即有 48 人受伤。

"照明杭州城"

6 月　1954 年 6 月，参与上海电机厂六千千瓦发电机制造的工人濮纪福正在做定子线圈的整形工作。中国首部六千千瓦汽轮发电机在当年国庆节前制造成功。这部发电机是根据捷克斯洛伐克图样，并在捷克斯洛伐克专家指导下制造成功的。发电机的主要组件"转子"有 5 吨多重，轴承档精密程度非常高。据当时报道，这台发电机发出的电量，"足够一个像杭州那样大的城市照明用；也可以拖动六百多部高速机床"。

零售乐器

7.13　1954 年 7 月 13 日，由于文娱活动在工厂机关部队迅猛开展，第一百货商店为满足需要，开始零售各种乐器。在经过几年稳定物价、安排市场的重点工作后，上海国营商业开始将重心转换在改善经营管理上，着意解决基层零售店"账货不符，职责不清"、"进、销、存心中无数"以及"差错事故不断发生"等问题。为此，第一百货商店开始进行个别柜台试点，分批推行"小组营业责任制"。

加固蕰藻浜堤防

8.16 1954 年 8 月 16 日，大潮汛来时，3000 失业工人在抢险加固蕰藻浜堤防。在前一天夜里，江潮猛涨，据上海市防汛防旱办公室不完整统计，全市共有近 90 个工厂、仓库受潮水侵袭。从浦东海塘、蕰藻浜江堤到黄浦江、苏州河两岸，上海成千成万的工人、农民、战士们与大潮汛搏斗。由于事先加强准备工作，潮水袭来时又作了周密防护，绝大部分单位均安度潮汛，未受损失。

市一届人大一次会议

8.16

1954 年 8 月 16 日—21 日，上海市第一届人民代表大会第一次会议在美琪大戏院举行。会议选出了上海市出席第一届全国人民代表大会会议的 63 名代表，还一致通过了关于"拥护中华人民共和国宪法草案的决议"、"关于上海市一九五三年财政收支决算和一九五四年财政收支预算草案的决议"以及"拥护中央人民政府关于解放台湾的号召的决议"。

肇嘉浜的绰号

上海有多少人参与过肇嘉浜挖泥,具体数字是不得而知的。

不过如果没有许多双手的参与,这项工程不会短短两年零三个月就完成、提前九个月竣工。在 1974 年瑞典斯德哥尔摩举行的国际城建交流会上,有外国代表直抒惊叹——"中国工人靠两只手,居然造出如此漂亮的大道,简直不可思议!"

在 1954 年 8 月动工以前,肇嘉浜有个不光彩的绰号:"上海龙须沟"。

它原本是条活水河,"曾是碧波荡漾的通航河道,宛若一条翡翠飘带,蜿蜒于上海滩。"东起朝宗门(今大东门)水门,横亘全城,出仪凤门(今老西门)水门后南下,流至斜桥改为西行,直奔地处徐家汇的蒲汇塘,全长 10 公里,是上海旧城厢正中的干流,也是上海连通松江府的运粮内河。

自 1845 年起,英、法、美等国先后在上海辟设租界。19 世纪 60 年代初,"法租界"没有污水管道系统、污水处理厂,租界里的工业废水、生活污水均通过雨水管道,全部排放到肇嘉浜。同时,在兵荒马乱的年头,大批难民流入上海,他们沿浜垒了简易窝棚和"滚地龙"(用竹子、油毡、草席搭成),向浜内倾倒生活垃圾。从此,肇嘉浜开始变脏、变臭、变黑。

1937 年,上海爆发"八一三"抗战。日本侵略军与中国军队激战之际,在肇嘉浜西段的徐家汇一带断浜截流,修筑战略公路。一条活水河终于变成了死水浜,上海西南地区的自然河道系统被破坏殆尽。

破烂不堪的棚户、滚地龙、吊楼(水上竹棚)、破船、桥洞窝棚都是当时两岸的贫民住所。据档案资料记载,当时肇嘉浜两岸有 2000 余棚户,是全市最大的水上棚户区。其中有拾荒者、乞丐、黄包车夫、小摊贩、包身工、扦脚匠、淘旧货者、妓女、舞女等。黑臭的河水里漂着死小孩、死狗、死猫、死老鼠,令人望而生畏。盛夏,这个长达 2.7 公里的露天化粪池"臭气熏天,蚊蝇成群;严冬,破棚里不时倒下冻饿而死的穷人,引得收尸车频频光顾……"

1954 年 9 月 4 日，肇嘉浜即将改造。图为填浜前分布在臭水浜两边的棚户。

1952 年 4 月，陈毅在上海市第二届第二次各界人民代表会议上指出："城市建设为生产服务，为劳动人民服务，并且首先为工人服务。"会后，陈毅在市政府大厦（后为汉口路市劳动局）多次召集工务局领导研究改变旧上海贫困、肮脏、落后的面貌，希望制定一个上海市建设的总体规划。

经过数年的论证规划，1954 年，肇嘉浜埋管筑路工程正式上马。在当年《解放日报》的报道中，虽然只有寥寥数语，但描绘的未来景象让人神往：臭水浜将辟成一条宽广美丽的林荫大道。

这是一个浩大的工程。前期准备中，共拆除房屋 2.3 万平方米，拆迁工厂、作坊、住宅 2000 余户，动迁居民 8000 多人，没有出现一个"钉子户"。

1600 名市政工人率先投入到填浜埋管工程中。抽干恶臭的浜水，便全面铺开了艰巨的挖泥埋管工程。

工人们没有起重机就靠木头架子加麻绳，没有推土机就靠铁镐和手推车，没有聚光灯就用煤油灯伴着月光，没有足够的套鞋，就光脚在结冰的浜底施工。在这样艰苦的条件下，他们创造出每个工作日人均挖八方土的纪录。

尽管每人一天平均挖八方土，已创造了奇迹，但挖泥的劳动量太大，非工区工人力所能及。时任肇嘉浜工区总指挥的高津浦认为，要加快进程，必须依靠社会力量的支持，采取挖干土填污泥的方法。

适逢许多大、中学校师生从报纸上看到改造肇嘉浜的消息后，纷纷来工区联系义务劳动，高津浦大喜，立即指派专家和青年干部带领学生，倾校出动……

两年后的 12 月 25 日下午，肇嘉浜工程全线竣工。这条"龙须沟"最后改建成为一条 3 公里长、40 米宽的林荫大道。

而在那一年，为改善城市畸形发展的道路网络，上海兴建、拓宽了大量道路。在改造肇嘉浜之后，更大的填浜埋管筑路工程从 1958 年开始启动，用两年不到的时间，把蒲汇塘、法华浜、虹镇老街浜这些曾经"臭"名昭著的垃圾浜、死水浜都改造成干净整洁的马路。工程共有 200 万人次的群众参加，共治理臭水浜 400 公里。在此过程中，被填没的河道达 160 公里。

东昌电影院

8.24 1954年8月24日，上海市新建的东昌电影院举行开幕典礼，并于次日开始对外放映。第一部放映的影片是彩色舞台艺术纪录片《梁山伯与祝英台》。当年7月底，上海在工人住宅区较集中的杨浦区、东昌区新建的杨浦和东昌两座电影院基本完工。东昌区原属洋泾区的一部分，是当时浦东的繁华地区，但该区一直没有一个电影院。杨浦区虽属市区，但过去也没有电影院。

"民众"号运营

9.6　为适应长江客运任务需要而设计的长江新型大客轮"民众号"，于9月6日由上海开往宜昌，做下水后的第一次航行。旅途中，小旅客马龙胜正在享用淋浴。"民众号"全船有942个铺位，硬席726个，软席172个，特等舱44个。轮上还设有34个浴室，以及一部每天可以把60吨江水变成清水的自动滤水器。试航期间，参观的人群数数那900多个铺位，都赞叹："这么多的舱房和铺位，真好比是一个大旅馆。"

汽轮机车间开建

9.9

1954 年 9 月 9 日，上海汽轮机厂汽轮机车间建设开工，第一机械工业部华东办事处主任翁迪民在开工前破土。这个车间占地 20 余亩，高度相当 6 层大楼，火车可以拖着原材料和成品直接出入车间。随着这个车间施工之后，上海汽轮机厂的大规模扩建工程正式开始。与这个车间相配合的锻工车间、铸铁铸钢等车间，也陆续动工兴建。

六百万人欢呼

9.20

9 月 20 日，一个好消息从北京传到了上海。中华人民共和国第一届全国人民代表大会第一次会议用无记名方式投票，一致通过了《中华人民共和国宪法》。《解放日报》发表文章《六百万人的欢呼》，其中写道，"阳光透过白云，普照着大地，象征和平的鸽子，在高空自由地飞翔，上海六百万人民为了宪法的诞生，怎么也抑制不住兴奋和激动的心情"。

毛主席万岁

1954年9月27日，国棉二厂工人们欢呼毛泽东当选国家主席。当喜讯从无线电广播中传到上海时，全市立刻沸腾起来。大街小巷升起了国旗，锣鼓声、爆竹声响遍全市。无数的报喜队和报喜车通过挤满人群的大小马路，四面八方向群众报喜。他们高举着毛主席和朱副主席的画像，沿途欢呼着"毛主席，万岁！"

国庆游行

10.1 1954年10月1日,参加国庆游行的运动员队伍打出了"总路线"标语。当日清晨,上海百万人民陆续从四面八方分别集合在人民广场附近以及17个区的主要街道上,"宽阔的南京路上今晚虽然没有一辆行车,也显得如此狭窄"。尽管天下着雨,但人们抑制不住极度兴奋的心情,冒着雨纵情地歌唱舞蹈。当人们邀请一位穿着新衣新鞋的老太太去跳"龙舞"时,她拉拉身上的衣服,回答说:"好!只要你们跳,我就陪你们跳个通宵!"

太阳灯治病

1954 年 11 月 26 日，上海工人疗养院用新添的太阳灯为上海车辆客修厂职工治疗神经衰弱。据当时报道介绍，太阳灯"可吐出强烈的光线，杀菌效力很强，人在太阳灯下裸体站一分钟，就等于在太阳光下晒六小时，一个矿工每天作一分钟的太阳浴，就可预防并医治因不见阳光而起的各种疾病。"为治疗疾病，疗养院还推行了各种苏联先进治疗方法，像治疗神经衰弱、头痛病的封闭疗法，治疗胃溃疡的溶血、鸡胚疗法等。

人民广场大道

11.30

1954年11月30日，上海人民广场大道工程即将完成，工人们正在加装宫灯式路灯。这里，旧有的煤屑大道大部分不见了，代替它的是一条宽阔壮丽的道路。从黄陂北路往东看，一排排整齐的水泥分道柱，用银灰色的铁链连接着，一直延伸到西藏中路，使花岗石大道和柏油马路鲜明地区别开来。这条新的大道开放后，成为沟通黄陂北路和西藏中路之间一条交通捷径，使来往车辆和行人不用再绕道行走。

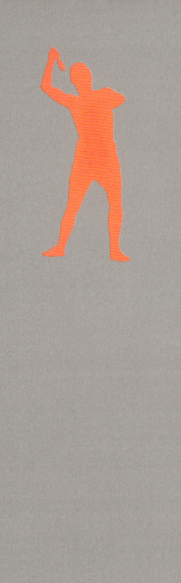

1955

意 气 风 发 时

1956

1957

1958

让我们荡起双桨

1955 年 7 月，《祖国的花朵》剧组来到了北京北海公园。在孩子们的欢笑中，同行的著名作曲家刘炽突发灵感，当场便创作出了电影插曲——《让我们荡起双桨》。没有人想到，就是这一首插曲，日后竟成为新中国最著名的儿童歌曲之一，传唱了半个多世纪，影响了一代代少年，一直到今。

"让我们荡起双桨，小船儿推开波浪……"仿佛某种隐喻或暗合，1955 年的中国，似乎也正如这首歌所唱，向着美好，奋力划桨。

一个崭新的国家，朝气蓬勃，欣欣向荣。这正是最美好的时光。

正如 1 月 20 日《解放日报》头版《迎接一九五五年的任务》一文中所说，"一九五五年对我国人民来说，是极其重要的一年。"这一年，正是我国第一个五年计划的第三年，要"把我国逐步建成为一个繁荣幸福的社会主义社会"。

过去的 1954 年，中国一年新建、改建和续建了 300 个重大工业项目，700 多公里的新建铁路线按计划完成，康藏、青藏两公路已正式通车，全国的粮食总产量比前年增加了 3%，全国农业生产合作社已增加至 40 多万个……而在 1955 年，"基本建设的工作量将远比过去任何一年为多，我国第一个五年计划的骨干——苏联政府帮助我国建设的 141 项重点工程，都将进入最紧张的施工阶段……"

新中国建立之初设立好的计划，正在一步步实现。

1955 年的元旦，上海—南京—武汉—北京民航班机正式开航，紧接着的 3 月，民用航空龙华机场正式启用，它一度成为我国航空事业的门户，迎来八方宾客。

1955 年 3 月 1 日，历时 5 年设计制造的第二套人民币开始正式发行，印有起义轮船、拖拉机、工农兵等 11 种图样的 11 个面额新钞，组成了完整货币体系，并迅速稳定了国内通货膨胀，人民币的比值由此进入空前稳定期。

1955 年 3 月 13 日，前后施工仅 11 个月的上海中苏友好大厦顺利建成。从那时起，很长一段时间，上海城区的人们大都能在夜晚看到屋顶那颗闪闪红星。

　　作为全国最大的工业与经济中心，上海无疑是全国资本主义工商业最发达的地区。继市郊农业合作化迅猛发展后，中央大力推动的资本主义工商业社会主义改造也在这座城市轰轰烈烈地开展起来。上海的这个改造成功与否，将极大影响全国。公私合营，用"定息"方法对民族资本主义工商业进行"赎买"，"资本家经过改造可以成为工人阶级，可以拥有光明前途"。"层层搞通，逐级贯彻"，大会小会，动员发动，宣传家喻户晓，加上之前毛泽东亲自邀请在京开会的上海部分工商业者座谈，"上海工商业者了解了中央政策和走社会主义道路的光荣"，至 1955 年 10 月，全市轻纺工业中棉纺、造纸、卷烟等 8 个行业，全市重工业中船舶、轧钢、机器、水泥等 13 个行业实现了全行业公私合营。1955 年 11 月 23 日，全国最大的私营百货商店上海永安公司顺利完成公私合营，在其示范性效应下，上海全市商业 91 个批发行业掀起公私合营签约高潮。

　　数十天后，1956 年 1 月 21 日，上海 50 万市民载歌载舞，冒雨游行，欢庆上海社会主义改造的胜利。

　　在这胜利的喜悦中，在这阔步迈上社会主义大道的行进中，1955 年的上海还展现出了强大的工业基础优势与服务全国的能量。随着这年新一批参加国家重点建设的上海市五金技术工人的出发，从 1954 年下半年到 1955 年 3 月，上海全市有两万多名五金技术工人报名，逐批走向祖国各地的建设前线。1955 年 7 月，上海开始承担第一个对外经济技术援助项目，帮助越南筹建统一火柴厂。这样的传统一直持续到改革开放后，统计显示，至 1993 年，上海已先后为 37 个亚非拉美等国家，援建轻、纺、化、电、冶金、机械等成套项目 198 项，向受援国派出专家、工程技术人员 7000 多人次。

因支援内地、全国均衡发展、以及国防建设需要，这一年，交通大学接到通知，开始准备向西安内迁。至此，结束了西北地区国防工业、科技等高级人才梯队建设的空白。

在这昂首阔步的进程中，1955 年的上海还留下了这样的瞬间：上海灯泡厂郑良永、朱昌白试制成功全国第一根国产灯用钨丝；我国第一台 40 吨工业锅炉在上海诞生；上海钢琴选手傅聪获波兰肖邦钢琴比赛第三名，这是中国音乐家在世界钢琴演奏大赛中首次获奖。

也在这一年，著名科学家钱学森几经坎坷，终于由美归国与沪上家人团聚。"钱学森在美国时，曾几次在给他父亲的信中发出'旅客生涯作到何时'的感叹。钱学森在家里接见记者时说，现在这种生涯结束了。他说'我在美国曾好几次梦见我家上海这座房子，而现在真正的看到了'……"

在 1955 年的上海，还存留着这样的记忆，它们被作为历史的一部分予以记载：作为曾经工作与生活过的地方，上海与胡风有关系的人很多，批判胡风运动中大多受到牵连，直到 20 多年后才得以陆续平反；由胡风一案，这年 7 月上海开始"肃反"，搜查"反革命分子"和"坏分子"，查抄出一批枪支和弹药，有 3000 多人坦白，受到宽大处理。"肃反"运动一直持续到 1959 年 9 月。在运动中，破获了"披着宗教外衣的龚品梅反革命集团"。龚后来于 1985 年获假释，1987 年年底恢复政治权利。也是这一年，时为上海市委第三书记、副市长潘汉年以所谓"内奸问题"被逮捕审查。当年《解放日报》7 月 18 日刊发批判胡风、潘汉年消息那天，《解放日报》比平时多发行了 20 多万份。1982 年 8 月 23 日，中共中央为潘汉年平反昭雪，恢复名誉。

继市民食用油和棉布按计划凭票定量供应，按社会主义计划经济，这年的八月，上海市首次发行通用粮票，实行居民凭粮票、购粮证和单位凭工商行业用粮供应证到指定粮店按计划购粮。这一分配方式一直持续数十年，至 1993 年结束。

1955

和平呼声

1.**14**　1955 年 1 月 14 日，上海电影工作者们签名，反对使用原子武器。美国之前发出威胁，如果朝鲜战争再起，美国就要使用原子武器。由此，一场浩大的全球性反对原子武器签名运动开启。据统计，自 1955 年初至 8 月 6 日，全球签名反对原子武器的人数达"六亿五千五百九十六万三千八百一十一人"，和平的声音震荡全世界。

露天新菜场

1955 年 1 月 14 日，居民在东余杭路露天菜市场买菜和早点。夜色刚刚褪去，上海 200 多个小菜场便灯火通明，热闹开张。经过几年的爱国卫生运动，公私菜场露天摊贩业已逐步建立了清洁卫生管理办法，由摊贩管理处试择菜场自建活动垃圾箱，露天菜场发动各摊贩自备竹箩布袋盛器等，自行收拾附近散弃的菜叶果皮垃圾，待收市后再由清洁总队按时运除。

站台送别

1.**23** 1955 年 1 月 23 日，一批参加国家重点建设的上海市五金技术工人出发，家属在站台依依送别。在第一个五年计划期间，作为新中国最大的工业基地，上海先后有 20 多万名工程技术人员、技术工人、行政管理人员、经济工作干部、商业人员、服务性行业人员、知识分子和青年，奔赴祖国各个建设前线，支援全国各地进行社会主义建设。

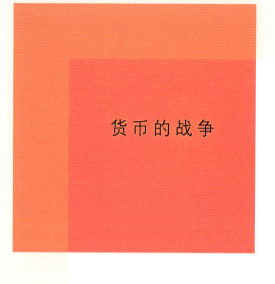

货币的战争

若选择每一个时代最具代表性的元素，货币无疑是人们最熟悉的代表之一。

建国至今，我国已先后发行过 5 套人民币，其中存世量最少、意义非凡的一套，莫过于 1955 年发行的第二套人民币。

这不仅由于第二套人民币是新中国成立后第一套具有完整货币体系的人民币，更在于其对新中国经济安全、商品经济发展，以及健全货币系统的重要价值。

1948 年 12 月 1 日，原解放区华北银行、北海银行、西北农民银行三行合并，正式成立中国人民银行，并于成立之日开始发行钞票，即第一套人民币。第一套人民币原版由第一印刷局所属石家庄印钞厂统一制作，北平、上海解放后则改由接管后的中央印制厂北平厂和上海厂统一设计原版。当时处于解放战争的环境中，人民解放军打到哪里，人民币就发行到那里，除北平、上海印制外，在天津、西安、沈阳等地均先后印制过。各地印制生产的条件各不相同，印刷质量上参差不齐，印刷券别种类多至 62 种，面额也由伍万至壹元不等。

为改变第一套人民币印制质量较差以及面额过大等缺陷，并进一步健全我国货币制度，第二套人民币自 1950 年开始设计方案，到 1955 年正式发行。

与第一套人民币的杂乱相比，第二套人民币最终面世的有 1 分、2 分、5 分、1 角、2 角、5 角、1 元、2 元、3 元、5 元、10 元 11 个面额，主景图案集中体现了新中国社会主义建设的风貌和各族人民大团结的思想，纸币制作则全部采用我国传统的手工雕刻方法胶凹套印，而整套第二版人民币的诞生，也充满着传奇经历。

在 1950 年陈云主持第二套人民币设计方案后，印刷时却由于我国印钞水平过低，最终确定委托苏联代印大面额钞票，印制 40 亿元 100 元、50 元、10 元、5 元四种大钞。

然而，蒋介石在获悉新中国正准备发行第二套人民币消息后，派人赴美仿制四种大钞，希望以此干扰甚至击垮大陆金融秩序。获悉消息的中央由此两次调整方案，由苏联方面印好的 100 元、50 元人民币暂不发行，大量增加小面额钞票，后再增印 10 元钞。在两国的努力下，1955 年初，第二套人民币全部顺利运抵中央人民银行库房。

值得一提的是，上海造币厂也是从第二套人民币起，开始了人民币壹分、贰分、伍分硬币的生产，一直坚守"一枚不多，一枚不少"与"没有一枚次品流入市场"的原则发展至今。

这一套式样打破原有的固定四边框形式、采用左右花纹对称的新规格人民币，因其严谨的币制与美观活泼的风格，推出后立即受到了极大欢迎，全国迅速兑换，新旧折合比率 1:10000，也使通货膨胀趋向稳定，新中国货币由此正式进入纸、硬币混合流通的时代，人民币的币值也从此得到空前稳定。

1955 年 3 月 1 日,第二套人民币正式发行。人民银行为使水上船民尽快调换新版人民币,特别开出针对水上区的流动兑换车。

龙华机场

3.6 1955 年 3 月 6 日，民用航空龙华机场启用。作为中国民航的发源地之一，在
战乱中几乎彻底遭到破坏的龙华机场终于逐渐恢复。1953—1957 年间，民航
上海管理处根据《民航第一个五年计划纲要》，对龙华机场设施进行了较大规
模的改造，于 1955 年修复了东西跑道，并于当年年初开辟了北京—上海新航线，
人们可乘坐飞机迅速到达北京、沈阳、哈尔滨和重庆等 24 个国内城市，龙华
机场也由此成为新中国的航空门户。

B—29 残骸

3.**20**

1955 年 3 月 20 日，美国空投特务罪证展览会举行，观众们在参观被击落的投
送特务的美国飞机残骸。展览会上，2.5 万多件美国空投特务的罪证，摆满了
上海文化广场的展厅。这架被击落的 B－29 型飞机残骸，是阿诺德美国空军
特务联队上校司令官约翰·诺克斯·阿诺德与 10 名美国间谍驾驶飞入中国境
内后，被我防空部队击落的，机上 11 名美国间谍全被抓获。

宝荣回来了

"宝荣回来了！宝荣回来了！"

宋宝荣还没有下车，马路两边欢迎的人群已经喧嚷起来。鞭炮声和人们的欢笑声，把他送进了一别六年的家门。

宋宝荣一见了他的妈妈杨玉瑛，像回到幼年一样，心情是那样激动，他把头放在妈妈怀里，左手搂着妈妈的颈项，右手拉着姐姐，流着热泪。杨妈妈一手用手巾替他擦泪，一手轻轻抚摸着他的头。家庭的温暖，慈母的爱，使他禁不住又一次流出了眼泪。

"妈妈！你比我在家时胖得多了！""生活过得好嘛，要不是焦念着你，还要胖些哩。""宝荣！你瘦呀！""回到祖国大陆来不到一个月，体重已增加好几斤了。"杨妈妈望着儿子，笑了。

吃过早饭，当杨妈妈知道他的儿子要回来时，赶忙把装着毛主席像片的玻璃框子，用毛巾抹一抹干净，放得端端正正的。屋里也打扫得干干净净。宋宝荣站在门口，一次又一次地向来看望他的人道谢。他体会到：人们对他起义返回祖国的正义行动，是多么亲热呀！

小青是宋宝荣的外甥女，今年五岁，依偎在他的怀里，用胖得像皮球样的小手，摸着她舅舅的脸说："舅舅，你认得小青吗？""小青！舅舅……"眼泪又禁不住顺着脸颊淌了下来。

宋宝荣像一棵枯树转了青，他对他的妈妈、姐姐和欢迎他的人们表示：一定把自己的青春献给可爱的祖国。

以上这一幕，摘自《解放日报》1955年3月24日《回到一别六年的家门》一文，喜悦穿越历史扑面而来，这是那个时代最具戏剧性与温情的片段之一。

万骨枯荣、战争骤歇、骨肉分离，在隔海敌对的那个时代，几乎只有空军架机起义才能再次瞬间架起回家的桥梁，这也是为何数十年间国民党飞行员投奔大陆的经历，往往能够产生"惊天动地"的影响。1946年率先开启驾机起义先河的刘善本，甚至由毛泽东亲自提名，成为共和国的一名蓝天将军。

曾有统计显示，从1946年解放战争开始到新中国成立后的20世纪80年代，国民党空军先后有200余人驾驶145架飞机回归大陆。此外，还有国民党空军地勤、伞兵、雷达兵、通讯兵等6000余人起义。

1955 年 3 月 22 日，蒋军空军起义人员宋宝荣回到上海家中与家人团聚。

浦东 "九斤黄"

4.12

1955 年 4 月 12 日，杨思区同心同业生产合作大社大力饲养浦东鸡，以满足上海市民需要。上海人爱吃鸡，尤以俗称"九斤黄"的浦东鸡最受欢迎。此称典出清代雍正年间的《南汇县志》，"鸡，产浦东者大，有九斤黄、黑十二之名"。这一年上海市郊许多农业生产合作社，都订立了养鸡养鸭计划，上海市卫生局乳肉管理所还采用无性杂交方法，孵出了第一代浦东鸡种鸡。

展出新动物

4.13 1955 年 4 月 13 日，中山公园里展出驯鹿。这一天的中山公园动物园，比平时显得更加拥挤。为了充实动物园的内容，中山公园特地从北京、旅顺、哈尔滨等地动物园交换来了一批珍贵禽兽，一共有老虎、红狼、驯鹿、棕熊、丛尾雕等 11 种，其中棕熊和红狼是从苏联运来的，非常名贵，棕熊在上海还是第一次看到。1964 年，复兴公园、中山公园的附设动物园并入西郊公园。

示威游行

5.**1**　1955 年 5 月 1 日，庆"五一"的六路游行队伍进入人民广场。全市以人民广场为中心举行示威游行，市区 17 个区也同时举行示威游行，"反对美帝战争阴云"，"反对使用原子武器"，共计 60 万人参加。这一天，上海外滩一带的高大建筑物上，悬挂了各种巨幅醒目的标语，不少建筑物和已重新油漆一新的外滩绿化地带上的彩牌楼，还用无数的灯光打扮起来，入夜更加绚烂，整座城市洋溢着节日的喜庆气氛。

市政协成立

5.12

1955年5月12日，中国人民政治协商会议上海市第一届委员会第一次全体会议召开。上海市协商委员会副主席胡厥文作工作报告。在3天的会议中，250名委员参加，大会一致选举了柯庆施为中国人民政治协商会议上海市第一届委员会主席，并通过了《中国人民政治协商会议上海市委员会组织简则》，以及《中国人民政治协商会议上海市第一届委员会第一次全体会议的决议》。

自学小组

6.16

1955 年 6 月 16 日，与每天清晨一样，嵩山区五一自学小组早早来到人民广场温习功课和锻炼身体。自学小组是当时在城市青年中非常流行的一种集体学习形式，一起进行政治和科学技术学习，一起开展文化、娱乐和体育活动，使当时的青年能够在身心上得到正常发展。1955 年，全上海已有 1319 个自学小组，参加者达 1.4 万多人。

集体读报

7.8 1955 年 7 月 8 日，上海第二纺织厂裔式娟小组集体读报，了解全国一届人大二次会议 "关于发展国民经济的第一个五年计划的报告"。小组工人们说："裔式娟正在北京和全国人民代表大会的代表们一起讨论第一个五年计划草案，我们一定要在生产上保持优良成绩。" 政治学习与技术学习，是当时工人们最重要的班组生活内容，而裔式娟小组就是因为不断学习，减少断头率和提高出勤率，超额完成国家计划，被评为全国纺织工业模范小组之一。

时髦的广播

7.24

1955 年 7 月 24 日，新泾区塘桥乡和平合作社的农民在收听广播节目。在当时，收听广播是最流行的休闲活动之一。1955 年，全国的农村广播电台也开始大发展，各地农村都在建设有线广播站，每天或者隔天在中午或晚间进行广播，除了转播各类国内外时事新闻，还会结合各地实际，讲解各项政策、介绍农业生产模范、传授先进生产经验，随时帮助农民解决各种问题。

军事野营

7.27

1955 年 7 月 27 日，团市委和市体委举行军事野营。体育既是竞技、休闲，也能成为重要的军事实用性准备工作。从 1953 年起，中央国防体育俱乐部开始试办多项活动，为的就是培养大量现代化国防后备队。"学习射击，这对于我们青年来说是多么向往啊！没有学习射击技术以前，在工厂里站岗的时候总有些担心。现在可不同了"，这是当时一位参加军事野营的青年的感受。

两起冤案

7.28

1955 年 7 月 28 日，上海电线厂裹纸车间工人读报，了解有关逮捕审判"反革命分子"潘汉年和胡风的消息。1955 年 4 月，在北京参加中国共产党全国代表会议的潘汉年，突然因"内奸"问题被捕。随后的 5 月，胡风在家中被公安部人员拘捕。1982 年，潘汉年被中央平反。1988 年 6 月，胡风被平反，结束了这两起历史冤案。

返乡务农

8.12

1955 年 8 月 12 日，普陀区西沙洪浜十九乡居民在返乡前与邻居告别。社会与经济的逐渐稳定，也使更多人有了回家的念想。1955 年，由黄浦江、苏州河开离上海的水上居民的船只，达上千条。而更多人还在临行前积极联系同乡结伴回家，人们需要在船上帮助撑篙、摇橹、拉纤，使船走得更快，早日回到家乡，投入到农业生产中去。

通阴沟的劳模

9.**2**　1955 年 9 月 2 日，上海评出的青年积极分子大会代表、工务局市政建设工人黄国林在工作中。黄国林是上海市市政工程局中区工务所的通阴沟工人，从解放前到建国后，黄国林一年到头在马路上通阴沟，别人认为又脏又臭的工作，黄国林却从中找到了自我。在尊重、热爱劳动的时代，一直勤勤恳恳的普通工人黄国林，被评选为 1954 年上海市工业劳动模范，成为上海市青年社会主义建设积极分子的代表。

无轨电车

10.2　1955 年 10 月 2 日，上海客车修理厂根据山城道路特点，为重庆设计制造了第一辆无轨电车。这辆新型无轨电车，是该厂为重庆市制造的 19 辆车中的 1 辆，其构造是参考苏联吉斯无轨电车设计的，车型新颖，式样美观。车门有两个，用气泵控制，自动开关，这样可减轻售票员的劳动强度，也可避免乘客上下车的拥挤现象，缩短了上下车时间。为了适应重庆市的环境和气候，车身采用天蓝及银灰色，并装置了防雾灯。

交通指挥棒

10.4 1955年10月4日，街头一景。为适应城市交通发展需要，上海交警自10月起在全市推行用指挥棒代替手势指挥。1955年8月19日公安部正式公布了全新的"城市交通规则"，北京、天津、上海、长春等城市都制定了改用指挥棒指挥交通的实施计划。"每一个指挥动作的区别很大，简单易懂，不会弄错，这样不但可以减少交通事故，而且车辆通过交叉路口的时间也节省了不少，这对我们的投递工作真是方便不少"，上海交通运输业劳动模范王慎贤当时如此感慨。

焖烘烧饭法

　　1955 年 10 月 9 日的《解放日报》，很罕见地在第三版用不小的篇幅，刊登了一篇上海居民张希光的文章——《粮食定量供应是为了大家好》。张希光在文章中说，"在节约粮食运动中我创造了一种新的烧饭方法——焖烘烧饭法。用这种办法烧饭，比平常的烧饭方法一斤米能多出几两饭，可以节约一些粮食。"

　　张希光为什么会创造这种新的烧饭方法呢？这年 5 月，中央发出号召，要动员全国力量，在进一步发展生产的基础上增加资金积累、在保证重点建设的条件下厉行节约，一场盛大的全面节约运动由此轰轰烈烈而起。在此感召之下，杨树浦区周家牌路普爱坊的普通居民张希光，从日常的柴米油盐中感悟："粮食是国家的'宝中之宝'，因此很好的节约粮食，也就是为国家建设社会主义尽力。"她愿意在这方面拿出自己的力量来。

　　她反复试验，不断变换饭锅角度，最终创造出了借助炉子铁板热度的烘饭法，风靡一时，她也因此成了上海滩一位不大不小的名人。曾有人现场参观过她的表演，"一斤上白粳能出饭五十两（一斤籼米出饭五十四两）。她的方法很简单：一斤粳米放二斤三两开水，放在煤球炉上烧，十五分钟后，就把锅子拿下来放在地上焖，约二十分钟，再放在加盖铁板的煤球炉上烘，十五分钟后即成干饭。该户大小六口，核实计划每月用粮一百三十五斤，用以上办法烧饭后，由于提高了出饭率，每月只吃一百二十斤，节约粮食 11%"。

　　张希光的方法，一时成为普通居民"为国分忧"的最好方式之一，因此，也得以在上海全市推广。上海科学教育电影制片厂甚至特意拍摄了几种节约粮食的烧饭方法，除了张希光的"焖烘烧饭法"，还有交通大学食堂的"生米蒸饭法"、解放日报社食堂的"分碗蒸饭法"，以及嵩山区居民曹淑贞的"家庭砂锅蒸饭法"等，一起拍摄成电影，在上海各大影院放映。

　　张希光焖烘烧饭法，直至上世纪 80 年代仍有上海人家采用。

1955 年 10 月 8 日，家庭妇女张希光在用自己创造的节约烧饭法
烘饭。

合炼一炉钢

10.15

1955 年 10 月 15 日，参观上钢一厂的苏联青年代表团成员，与中方炉长一起查看精炼过程。图中右边的那位叫柯列斯尼科夫，曾荣获苏联"国家最好的钢铁工人"称号，在上钢一厂的邀请下，柯列斯尼科夫与二号平炉工人合炼了一炉钢，炼完后还和工人们一起座谈，介绍了自己的炼钢经验，之后上钢一厂立即全面总结了柯列斯尼科夫的炼钢经验，并在全厂推行，"此后能够一次比计划提前 1 小时 18 分钟炼成，且质量良好"。

喜收茭白

10.22

1955 年 10 月 22 日，高桥区北新村农业生产合作社生产茭白供应城市需要。一直习惯种水稻与棉花的上海郊区，在郊区农业生产为城市服务的号召下，也开始种上了茭白。北新村农业生产合作社自 1954 年开始抽出 19 亩烂水田试种茭白，1955 年已经扩大到 203 亩。据《解放日报》报道，这个合作社"从 4 月到 10 月，就上交蔬菜站茭白七万多斤"，社里农民的收入也水涨船高，"今年每个劳动日可抵二元三角二"。

儿童列车

10.26

1955 年 10 月 26 日，上海首列儿童列车开行，小列车员列队出发。这是上海铁路管理局上海站特地为少年儿童们开放的一次儿童列车，共有 5 个车厢，列车上除了司机以外，列车长、列车员全由儿童们自己担任，旅客也是 10 岁上下的儿童，都是来自北四川区中心小学和少年宫的代表，一共 800 多人。这一天，这列特别列车早晨从上海北站开往西站，送少年儿童们到中山公园去参加少年先锋队纪念活动，中午 1 时多，儿童列车还接他们回到北站。

雪茄式拖运

11.13 1955 年 11 月 13 日，海上一景。采用苏联先进经验，在海上拖运大雪茄式木排，节省了大量运力。因为木排的形状扎得像雪茄烟，海员们都称它为"雪茄"，这样的拖运方式，自 1953 年学习苏联经验成功后，越来越多地被运用在大批木料的海上运输中，在铁路、公路运输能力有限的情况下，既节省了大批的运输工具，木材的成本也可以降低，广受好评。

年终分红

11.18 1955 年 11 月 18 日，吴淞区泰兴乡陈巷村农业生产合作社举行分红大会。全社 55 户，到会男女老少 80 多人。《解放日报》报道，这一年全社"种水稻一百七十三亩，平均每亩产六百十斤，比去年增产了 57%，棉花平均每亩产籽棉二百二十一斤，比去年增产 27%，种植蔬菜一百六十三亩，养猪二百八十头"。随着生产的发展，社员收入也有很大提高。分红后，有的社员要盖新屋，有的社员要添家具，还有不少社员把分到的钱存入银行。

商店迁洛阳

11.30

1955 年 11 月 30 日,18 家服装、洗染、理发和酒菜行业商店,职工 122 人迁往洛阳。随着国家的建设,许多新兴工矿城市非常需要服务性商店,而上海却存在过剩现象。上海市服务行业由此决定向新兴工矿城市迁移,其中大多数商店在迁到洛阳以前就签订了协议书,变成为公私合营企业或合作商店,这也是上海服务性行业有组织、有领导地迁往新兴工矿城市的开端。

轮动喷雾机

11 月

1955 年 11 月，国营上海农业药械厂试制畜力轮动喷雾机，1 小时可以对 13—15 亩农田喷洒药液。这种喷雾机仿照苏联 OK-5 型马拉轮动喷雾机改装，一共有 6 组部件：唧筒、药水桶、车架、轮动、喷雾和工具箱。喷雾机全长 4 米、重 260 公斤，可用骡、马、牛等大牲畜牵引，具有效率高、节省劳力、喷洒均匀不丢棵等特点，深受市场欢迎。在 1955 年研制成功后，1956 年仅河南省就引入了 150 台。

新型公交车

12.**2**

1955 年 12 月 2 日，上海市交通局向捷克斯洛伐克订购的斯柯达 706 型公共汽车被交付给八路公交线路行驶。这辆全新的斯柯达 706 型公共汽车，车上装配的发动机是六汽缸四冲程的柴油引擎，排气无烟，而且比一般汽油发动机省油 30%，车厢内有大型的车窗和人造皮制的沙发座位，可以容纳 70 余位乘客，车内还有暖气，可牵引一辆载客拖车，堪称当时全球最先进的公交车之一。

吕瑞英下乡

12.18

1955 年 12 月 18 日，上海越剧院演员吕瑞英和合作社里的青年一起参观农田作物。这一年的冬天，上海 600 多位青年文艺工作者，组成 11 个演出队，先后下乡，将戏剧送上门去为农民演出，农业生产合作社的社员也邀请青年演员走上田间地头，了解更多农村实际情况，"像一家人一般"。

秉烛迎圣婴

12.25

1955 年 12 月 25 日，帝王堂青年天主教教友秉烛迎接圣婴。这一年，上海发生了著名的龚品梅案。当时的报道称，作为上海教区首任国籍主教，龚品梅在新中国成立后借助宗教不断策划各种反动行动。1955 年 9 月 8 日，龚品梅及其党羽 183 人全部被逮捕，之后 3 万多教徒参加了各区声讨龚品梅反革命集团罪行的大会。1955 年的圣诞节，"大批教友们终于可以平安喜乐地参加活动了"。

1956
1957
1958

意 气 风 发 时

迈入新的时代

1956 年 1 月的上海，热闹非凡。

元旦那日，永安公司资方 60 岁的郭琳爽和职工一起彩排粤剧《金马鞍》，扬鞭策马，就为等待那一刻。

也许是巧合，自元旦起，《解放日报》各版改竖排为横排：字大、画多、文章短、标题醒目，一望热血沸腾："我们决心要四年完成五年计划！""为社会主义改造事业立功！""在社会主义道路上飞跃前进！"

1 月的上海，爆竹生意是出奇的好，横幅也成了紧俏品。大家在等待，一个伟大的历史瞬间。

1 月 10 日，毛泽东在上海视察江南造船厂、申新九厂，并出席了各界代表座谈会。座谈什么呢？也许，1 月 20 日《解放日报》四版刊出的解放日报、新闻日报、青年报等 8 家新闻出版单位发布的征文启事能见端倪：上海市在最近数日内即将进入社会主义社会，为了使这一历史性的重大变革迅速在文学艺术上反映出来，特联合发起征文。

高潮是这样突然来临的。毛泽东曾经预计新中国将用 15 年的时间从新民主主义迈进社会主义，而现在，北京于 1 月 14 日宣布 74 个私营工商行业全部实行了公私合营，伟大的首都提前进入了社会主义。作为中国资本主义工商业最集中、最发达地区的上海，也不甘落后，决定要在 10 天内完成对资本主义工商业的改造，走上社会主义的康庄大道。

1 月 20 日，上海市资本主义工商业申请公私合营大会在中苏友好大厦召开。市工商联主任委员盛丕华代表全市私营工商业者向上海市人民委员会递交《上海全市资本主义工商业公私合营申请书》。副市长曹荻秋代表市长陈毅接受申请书，并宣布市人委批准全市 205 个行业、106274 户私营工商业户实行公私合营。是日，上海兴奋地宣告："我国资本主义最集中的城市，开始进入社会主义社会了！这一伟大胜利是我们人民的胜利。"爆竹弥漫，大街小巷，到处彩旗横幅，人民广场 10 多万人报喜集会，50 万上海市民冒雨游行：庆祝社会主义改造胜利完成！

这年 5 月，陈云在沪召开上海工商界上层人士座谈会，传达了毛泽东"上海有前途，要发展"的指示。面对领袖和中央的厚望与嘱托，7 月召开的中共上海市第一届党代表大会第一次会议上，代表们形成共识：要充分利用上海工业潜力，合理发展上海工业生产。周恩来莅临大会，做重要报告。半月后，上海市第一届人代会第四次会议，再次强调上海进入社会主义后这一发展方向。

以更合理、更科学的方式，调动聚集一切力量，完成上海工业的大跨越发展。这一年，上海进行以改组工业和调整商业网点为主要内容的工业改组：年内裁并 9000 家公私合营工厂，占全市工厂数 1/3，调整 5769 家商店。改组为 2976 家中心厂、637 家独立厂，3100 多名公方代表进厂参加领导工作。并配套厉行国务院《关于工资改革的决定》，全市统一工资制度和工资标准，使得生产劲头空前高涨。

整整一年，上海在经济和工业领域捷报频传：

我国第一根小口径无缝钢管试轧成功；我国第一台自行设计的万能及工具磨床研制成功；配上整套发电设备、可供 60 万人口城市照明的我国第一台 12000 千瓦汽轮机试制成功；我国第一台电子计算机在复旦大学试制成功；上海港第一座水陆联运码头开平码头投产；上海第一个电力灌溉网在西郊区建成；新沪闵路建成通车，为上海地区最长高级公路；市电车公司与沪南电车场合并，市内公共交通统一运行……

据年底统计，上海工业总产值比上年增长 34.3%，高于全国 28.2% 的增幅。

在生产发展基础上，上海人民生活显著改善，16 万失业人口就业，67 万职工加了工资，70 万公私合营企业职工不久也要加工资，上海的工商业一片繁荣光景。除企业盖房，上海继建造完成面积相当于 17 个曹杨新村的职工住宅后，在迈进社会主义新上海的 1956 年，将再建 16 万平方米工人新村。

迈进新时代的上海，变化的还有这些：

洗染业下工厂、到学校接洽业务；沐浴业增设淋浴、女子浴室；厨房业供应大众化的经济便饭，组织与消费单位挂钩，承包伙食；酒菜业增加和恢复千余种花色品种。营业趋向好转，市场活跃……

丰富人民业余生活，提高保障人民健康水平，全市 60 所私立医院和 20 所私立医学化验所改为公立。公共交通票价改革，有轨电车起价 3 分，无轨电车 4 分，市区公共汽车 5 分，月票 6 元。上海首次举办女子体育运动会、聋哑人田径赛、中苏友好举重邀请赛。这一年，历史上首次南北昆剧大牌同台演出在上海举行，鲁迅纪念馆开放，上海群艺馆成立，自然博物馆筹建，国内首家扫盲协会成立……

1956 年，迈进社会主义的上海，生活的美好扑面而来。

"六天！"

1.15

上海，1956 年 1 月 15 日 11 时 30 分，工商界代表一致举手通过，要在六天内争取全市私营工商业一次性申请合营，把资本主义工商业改造运动推向最高峰。这个振奋人心的喜讯，像闪电一样传遍了全市每一个角落。而 15 日当天，当绿色邮车满载着红色的《解放日报》"号外"来到时，大街小巷，一片欢腾。到处都可以看到人们拿着一张张红色"号外"，到处都可以听到人们在传播喜讯："六天！快极啦！"

集体农庄

1.**17**　1956 年 1 月 17 日，郊区第一个集体农庄建立，报喜队高呼毛主席万岁。这几天，
上海郊区的农民一直喜气洋洋，到处敲锣打鼓，组织了秧歌队、国乐队、龙灯
队，到区、乡人民委员会报喜。洋泾区漕浜乡一个合作社主任说："我们办了
高级社以后，开出门来都是自家人，脚脚踏在自家田。"江湾区新华乡的群众说：
"我们成立了集体农庄，跑 5 里路也不会跑到人家的田里去。"许多老年人都感
觉自己因为看到了社会主义而变得年轻。

"上海人真行"

2 月

1956 年 2 月，在一天的工作完成之后，上海赴江西垦荒的青年们跳起了集体舞。此前统计，志愿到江西去垦荒的上海人已超 1.2 万。一位垦荒人员信中写道："现在，我们已到了家乡——浮梁县三龙乡金星农业生产合作社。这里离区政府很近，住房是两间瓦房，外面还有一个空场。屋里家具设备完全。这一切都是党和毛主席带给我们的，我们一定要搞好农业生产。"江西当地农村干部和农民群众对访问团说："上海人，真行！"

农民家亮了

2.8

1956 年 2 月 8 日，工人们为上海市郊新华区七宝镇农民家庭安装了 1500 多盏电灯。2 月初，施工队提出"让农民兄弟开亮电灯欢度春节"。于是一个多月来，经常有成批的电业工人出现在市郊高桥、杨思、洋泾等区的田野上。虽然冷风刺骨，可是工人们还是紧张、兴奋地工作着。于是就有了照片上这一家人，那么高兴地望着那刚刚发光的电灯。

做客新上海

2.**19**

1956年2月19日，柬埔寨王国首相诺罗敦·西哈努克亲王访沪，接受女学生的献花。当日天气晴朗，龙华机场候机室大楼上的巨幅标语"中柬两国人民的友谊万岁！"在阳光下闪闪发光。西哈努克亲王在机场发表讲话。他说："我荣幸地率领的柬埔寨国家代表团在首都北京受到盛大无比的款待之后，今天又来到著名的城市——上海做客，我们感到十分高兴和十分荣幸。""我们正在进入一个友爱和合作的新时代。"

武宁路桥

3.**15**

1956年3月15日，经过18个月的建造，武宁路大桥开始通车。这座桥坐落在普陀区光复西路和武宁路交叉处的苏州河上，总长85米，桥中间车行道10米，两旁人行道各2米半，可供3辆机动车同时并行。它大大地便利了普陀区两岸的交通运输，减轻了江宁路桥和曹家渡桥的负担，缩短了市区到真如区的距离。施工中，建桥职工采用了先进经验，为国家节省下大量物资，节约水泥约100吨、钢筋10吨、铁钉4.5吨。

消灭钉螺

3 月

1956 年 3 月到 4 月，人民解放军驻沪部队指战员万余人，在西郊各乡镇的血吸虫病流行地区，展开消灭钉螺工作。经过技术检验，证明隐藏在这些地区河浜两岸的钉螺已被全部消灭。当年，上海制定"两年内彻底消灭血吸虫病"的计划，在加强粪便管理的同时，由于"已经感染血吸虫的钉螺如不消灭，它还会继续放出尾蚴来害人"，因此号召开展了大规模的消灭钉螺战役。

水陆联运

4.**30**　上海港第一座水陆联运码头——日晖港开平码头的修建工程，提前两个月，在 1956 年 4 月 30 日全部完工。这座码头包括北部、中部、南部 3 座码头，用钢筋混凝土制成，可以停靠载重万吨的巨大船只。在码头平坦的路面上，伸引着两条铁路，直通上海车站，此后火车可以一直开到这里。

首台计算机

5.**25**

1956 年 5 月 25 日，我国第一台电子计算机在复旦大学制造成功，校长陈望道、书记杨西光等校领导观看计算机操作。它有普通家用衣橱那么大，定名"复旦601 型电子积分机"。一组复杂的四阶常系数微分方程式，需要人脑经过长时间才能解答，而安排在这架机器的电位盘上后，乳白色的示波器上刹那间就出现了绿色的正确图解。这台计算机由复旦大学物理系和数学系师生共同设计和安装完成，从设计到制造，不满 3 个月。

俯瞰上海

6.1 1956年6月1日下午，一群少年航空模型爱好者登上了一架客机，俯瞰上海市区。
"看，机翼动了！" 当飞机打着弯下降的时候，孩子们的话多起来了。有的要
知道机身大小和风的阻力的关系，有的要了解发动机的油门开得大或小与速度
的关系。飞机下降到离地面 200 米时，上海市像一张详细的大地图铺在孩子们
的眼前。孩子们从窗口张望那蜿蜒的黄浦江和苏州河、巍峨的永安公司和国际
饭店，"小了小了，丢在后面了"。

陈镜开破纪录

1956 年 6 月 7 日,陈镜开在上海市体育馆以挺举 133 公斤打破世界最轻量级
举重纪录。这是我国体育史上光荣的一页,也是我国运动员第一次打破世界纪
录!当时陈镜开练习举重还只有一年半历史,家中认为举重是"走江湖、卖膏药"
的玩艺,不许他练,甚至说:要练就不要回家。但这一切都没有挫折他的雄心。
1955 年 1 月,他参加中国人民解放军后,在短期内成绩有了显著提高。

苏舰到访

1956 年 6 月 23 日，苏联海军到访东海舰队。6 月 20 日至 26 日，苏联海军太平洋舰队巡洋舰"德米特里·波日阿尔斯基"号、雷击舰"智谋"号、"启蒙"号访问上海。这是新中国成立后，外国军舰第一次访问我国。有关部门进行了充分准备，动员了一批干部、工人、学生和官兵投入接待工作。接待方在仪仗等问题上做了大量的功课。为了举办招待苏方近 2000 人的大宴会，接待方专门改造装饰了一座大仓库作为宴会厅。

百家争鸣

7.7 1956年7月7日，中国人民政治协商会议上海市委员会召集讨论贯彻"百家争鸣"的座谈会，本市学术文化界人士110余人参加。关于"百家争鸣"问题，上海市政协组织过多次座谈，这次是规模比较大的一次。会议主席黎照寰认为"百家争鸣"四字，每字均有意义，而重点却在一个"争"字。在生产上有社会主义竞赛，在学术上就是"百家争鸣"，不"争"就不能在12年之内赶上世界最先进的科学水平。

大厂联谊

8 月中旬

1956 年 8 月中旬，女工为主的国棉八厂职工与男工居多的张华浜船舶修理厂联谊，组织工人联欢夜游黄浦江，并演出自编工资改革快报说唱。当时，上海市工资改革工作，正在由点到面地逐步展开。通过工资改革，工人的工资水平有了适当提高。根据中央各部所属 52 个重工业工厂的统计，工人平均工资提高了 11.35%；华东纺管局所属各厂的工人，平均也增加了工资 6.34%；高级技术人员的工资增加得较多。

台风威力

8.**16**

1956 年 8 月 16 日，徐家汇天主教堂楼顶的一个十字架在台风中被吹得倒挂下来。1910 年，徐家汇天主教堂落成，是中国最大的教堂之一，可容 3000 余人。由于风吹雨打，常年失修，当时教堂墙壁已斑剥陆离，钟楼的石板、砖墙损坏，下雨天漏雨。台风过后，市宗教事务局与该堂负责人洽谈后，决定协助教堂将砖墙、钟楼、十字架等损坏的地方一起修理。到年底，修葺工程已初步完成。

茹科夫

8.26 1956 年 8 月 26 日，苏联真理报副总编辑、苏共中央检查委员会委员茹科夫偕夫人在上海大厦楼顶合影。茹科夫一行是 25 日抵沪开始访问的。上海解放日报总编辑杨永直、新华社上海分社社长穆青等人前往车站迎接。在此之前，茹科夫乘坐一架 Ty－104 式喷气客机从莫斯科飞抵北京，参与向中国航空工业工作人员和专家介绍此架新式飞机的工作。在担任负责对外政策报道的副总编辑之前，茹科夫曾任《真理报》驻法国记者。

外滩喝冰啤

外滩绿化地带又有一个新去处。黄浦区第一饮食商店在那里设立了一个供应站，出售冰冻的啤酒、汽水、鲜桔水、棒冰等，还备有一些简单的卤菜。

黄浦区第一饮食商店，在 1956 年迎来了新生。

从这年开始，上海的饮食业迈进社会主义，公私合营了。

"吃"在上海，包罗万象。全国各地的菜点都能在上海吃到。像国际饭店肥嫩的北京烤鸭，粤帮新雅的清炒虾仁和脆皮烧鸡，洪长兴的涮羊肉、知味观的西湖醋鱼、东坡肉，老半斋的镇扬名菜水晶肴蹄，本帮德兴馆的汤卷……各地名厨都集中在此。

然而就在 1954 年，有报道认为"由于资本主义经营思想严重，盲目追求利润，菜馆逐渐失去自己的特色，名菜也不名了。"南京路上几家有名菜馆被重点点名，如燕云楼、荣华楼、知味观等。

1956 年，全市饮食业开始公私合营。上海市公共饮食公司派遣干部，协助各著名饮食店恢复经营特色。南华燕云楼恢复和增加了北京坛子肉、干烧四宝、烤大肠等著名的北京菜点。知味观不但恢复了东坡肉，连已停止供应一二十年的西湖什锦油包也重新写上了菜单。新雅也有了炒鲜奶和金钱鸡。

"名厨师们都认识到他们今天在社会上的地位，人民尊敬他们，他们也更积极了。"报道这样说。

南京路上这些名店，就属于黄浦区第一饮食商店。1956 年，它总共恢复和增加了 200余种特色菜点。大多物美价廉，名而不贵。

同年 6 月 29 日，《解放日报》上专门刊载了一篇黄浦区委财政贸易部撰写的文章，介绍为什么现在菜馆里出菜比以前快、招待比以前周到。文章写道：

"粤帮的新雅、京津帮的南华燕云楼、苏锡帮的荣华楼、苏帮的沈大成、杭帮的知味观……在公私合营以后，大家都知道在这些饮食商店里，一百五十多种名菜名点恢复了，还增加

1956 年 8 月 27 日，黄浦区第一饮食商店在外滩设立供应站，出
售冰冻啤酒、汽水、鲜桔水和棒冰，以及一些简单的卤菜。

了一百多种其他菜点，食堂的服务态度也显然的改善了。这是什么原因呢？因为党的支部发挥了组织者的作用。党支部发现了群众里面有很多好办法，继而推而广之。"

"比如在最忙的一天，燕云楼有一百二十多个顾客因为占不到座位，没有吃到东西。忙乱必然带来差错，有位顾客到大三元吃了五元钱的点心，却没有人要他付账，这位顾客只好把钱附在批评信里寄给店里。"

"这是公私合营后业务上的薄弱环节。支部决定先解决出菜慢的问题。燕云楼职工经过讨论之后，发现出菜慢的主要原因是厨房部门分工不恰当，厨房有三个大炉灶，大煤炉专烧精细高贵的菜，比较空闲，而二煤炉和三煤炉负责炒菜、汤菜，就显得特别忙。三个大炉灶两忙一空，造成忙闲不匀。调整了厨房炉灶的分工，过了一星期以后，出菜就比过去快多了。"

1956 年 8 月 27 日，参加本市第一次高级厨师考试的萧良初正在烹调自己的拿手名菜鲜莲冬瓜盅。

午潮高峰

9.6 　1956 年 9 月 6 日，在东北风的影响和底水高托下，黄浦江午潮出现了历年少见的高峰，金陵东路外滩的马路全被潮水所淹没。午后，黄浦公园水位竟和当天清晨的子潮相等，比预测水位抬高 57 厘米。顷刻之间，沿江沿河以及低洼马路普遍积水，一般水深及膝，在南苏州路和光复路一带水深达 1 米左右。由于作了防御准备，因此市内工厂、仓库大多未受影响，外面有水，厂内生产照常。

观察火星

9.7

1956 年 9 月 7 日，在少年宫参加火星晚会的人们，正在观察火星。就在前一天晚上，火星与地球相距只 5600 万公里，比平时亮六七十倍。消息引起了全市关注。当晚，在市人民委员会大厦的屋顶平台上，600 多人观察火星。在另外一架 140 倍 2.3 英寸口径和其他两架 3 英寸口径的折射式天文望远镜前面，也有好奇的人们排队等待。

梅花诗屋

9.9 1956 年 9 月 9 日，梅兰芳在"梅花诗屋"与言慧珠合影。彼时的梅兰芳刚从日本访问演出回来，对日本朋友及观众对京剧的欣赏能力大加赞赏。当听到梅葆玖在隔屋吊嗓的歌声，言慧珠连声说："声音真好，清脆极了！"但梅兰芳却笑着说："还不够，还要多练。"他说，将来要多让梅葆玖独自演出，他认为"多在舞台上练，才能够把戏唱熟"。

有啥吃啥

9.14 1956年9月14日，等待买肉的市民排起了长队，这已是几个月来的普遍现象。《解放日报》指出，"买菜难"并非供应量不足，而在于缺乏计划，"副食品生产的增长有一定的限度，即便商业部门工作做得再好一些，在人民购买力普遍提高的情况下，也很难保证无限制供应。"有关评论建议：在目前情况下，商业部门努力改进工作，尽可能保证"要啥有啥"，消费者体谅一下供应上的困难，暂时来一个"有啥吃啥"。

新人习艺场

9.**14**   1956 年 9 月 14 日，400 多名收容人员向新人习艺场告别，走上新的工作岗位，成为上海市第三建筑工程公司的建筑工人。在这 400 多人中，一部分是旧社会里的乞讨、窃盗和流浪汉，经过人民政府收容教育改造，在新人习艺场参加劳动生产。另一部分则是从小被收容进儿童教养机关，又经该场培养起来的技术工人。几年来，他们为上海人民建造了申新六厂厂房、第五十二中学校舍、长宁工人俱乐部等，总计建筑面积近 5 万平方米。

特大龙卷风

1956 年 9 月 24 日，注定被载入全球气象史册。

这天下午 2 时 15 分，一场特大龙卷风袭击上海，其强度之大，破坏力之强，成为 1949 年以后新中国最知名、最强硬的龙卷风。它将一只重 10 吨的空油罐拔起后飘落百米之外，一头黄牛卷至 60 米上下的空中"哞哞"叫唤。这场灾难造成 61 人死亡，490 人受伤。

直到多年以后，当人们快遗忘时，它又被编入科普读物《十万个为什么》中，还出现在上海市地理、物理考试试题里。

这次龙卷风究竟是怎样产生的？

当年《解放日报》9 月 26 日的报道说，9 月 23 日傍晚，有一个弱台风在福建厦门登陆，势力逐渐减弱，登陆后一直向东北行进，从南向北直穿福建、浙江，24 日下午在浙江衢州附近变成低压。就在此时，从我国华北有一部分冷空气也达到这个地区，冷暖空气在长江口会合，冷空气插入暖空气的下方，暖空气就被猛烈地抬举向上，形成极强烈的扰动作用。龙卷风就这样诞生了。

9 月 24 日下午 1 时 45 分，龙卷风侵袭上海的真如；2 时 20 分，卷到了浦东和市区的军工路。

根据气象资料记载，我国多山，龙卷风本不易发生，大多只有 EF-0 级或 EF-1 级，能达到 EF-2 级的也很罕见。但 1956 年的这次龙卷风最大风速 60m/s，超过 17 级，达到了 EF-3 甚至 EF-4 级，在我国龙卷风史上首屈一指。

何况它还罕见地经过大都市中心城区。解放日报记者方远在 1956 年 9 月 26 日第 5 版写下《龙卷风灾目击记》一文，详细描述当时在上海机床厂采访时的亲身经历。他在文中写道：

"天空已经变黑，只见一股风卷着铁片、木板和芦席满天飞腾，很大的砖头瓦片打得屋顶咚咚作响。我意识到事情不妙了，连忙想把窗户关好，但是不行，劲风从窗户迎面扑来，我双手一撑，总算没有让玻璃震碎，可是手背顿时红肿起来。"

1956 年 9 月 25 日，在经历前一天龙卷风的侵害后，上海机器制
造学校的同学们正在进行清理工作。

"我正在怀疑，只听楼下救火车的警铃响了，我连忙跑到楼下，只看厂门口冲进来一部厂里的救火车，地下积着几寸深的水，车子喷溅着泥水直向沿黄浦江边的厂房冲去。原来不是起火。"

"狂风把后面几个车间的屋顶统统卷起来了，总办公室的屋顶也被刮得乱七八糟的。我跑去一看，电线杆已被拦腰折断了，厂房旁边的小树也被连根拔起。最令人心寒的是新建成的机床试验室，虽然只是一个矮小的砖瓦建筑物，可是墙已被巨大的气浪冲倒了，屋上的瓦片也不知被卷到什么地方去了……"

史料记载，上海建工局的工地上，水泥板、钢筋被卷到空中，钢筋混凝土房屋被剥开屋顶，彻底摧毁。

一个半截身子埋在土里的10吨油罐被龙卷拔出地面带走，直到120米远处再放下，油罐里工作的5人均严重受伤。而"油罐被卷上天"的故事，多年以后进了中学课本，出现在物理考试试卷上。

龙卷风接着来到黄浦江边，高200米的水柱横空出世，黄浦江风浪大作。还没等船民反应过来，船上就被莫名其妙地放上了建材碎片。

龙卷继续前进，来到上海理工大学前身——上海机器制造学校。当时，这所专门培养"工农干部"的学校综合楼思晏堂里，还有师生在读书。猝不及防的几百名师生直接被倒塌的墙壁掩埋，后来又在一阵砖材雨中被二次重创。

龙卷继续向北，终于在宝山入长江口远去。

9月28日，上海机器制造学校2500多名师生举行复课大会。肖流校长沉痛地宣布了37位死亡同学的名字。他说，在医院还有103位同学，经抢救，不久就可出院就学。

在重建碑文上，学校语文教师吴丕绩写道："上海一九五六年九月二十四日狂飙发海上，俗所谓龙卷者也，突袭沪东，而吾校教学大楼适当其冲，巍峨广厦毁焉……"

国庆婚礼

9.28 1956年9月28日，一场简单的婚礼正在举行。国庆期近喜事多，单9月29日晚上，江宁区人民委员会就为50对青年男女颁发了结婚证书。报道说，他们中间有工人与工人、工人与教师、工人与机关干部，他们在工作、学习以及平时接触中，志趣相投。青年男女挑选国庆节前后结婚的一年比一年多，前一年的国庆期间，江宁区登记结婚的有100多对。而在1956年国庆前夕登记结婚的，已不下200对。

鲁迅墓迁移

10.9 1956 年 10 月 9 日，即将参加鲁迅先生迁墓典礼的许广平、周海婴察看新墓情况。对于迁墓，《解放日报》这般表述："先生的墓茔距离市区和他曾经居住过的地方太远了，墓茔也嫌过于简陋！从安葬他的那一天起，人们就期望有一天，把他安葬在比较靠近他居住过工作过的地方……这一天终于来了。鲁迅先生的墓茔，将由万国公墓迁到优美雅静的虹口公园，这里是在先生生前住过的山阴路大陆新村的附近，是在人们能常到的地方。"

欢迎苏加诺

10.**11**

1956 年 10 月 11 日，几名儿童在人民广场观看欢迎印尼总统苏加诺的仪式。从苏加诺总统踏上中国国土的第一天起，上海人民就以热烈的心情注视着他的访问活动。苏加诺总统演说中对殖民主义的斥责，对独立自由的热爱，都在上海人民的心里引起最深切的同感。好客的上海人民把城市打扮起来，用热情的心在标语上写道："向苏加诺总统致敬！"

归国团聚

10.12 1956年10月12日,新近从美国归来的前国民党政府驻纽约副领事金永祚夫妇,与专程从苏州赶来的父亲金兆梓在上海大厦团聚。与金永祚同行归国的还有留学生刘金旭博士、黄量博士、孙仁洽硕士及其家人。在解释回国原因时,金永祚说:"我在1950年就辞去了副领事职务,决心回祖国来。我从父亲的来信中知道祖国真实的情况,父亲将祖国建设的情况告诉我,并且催我回来。我起码信任我的父亲,他是从来不说假话的。"

奶粉紧张

10.20

1956 年 10 月 20 日，一位母亲转遍南京路、河南路，也没有买到奶粉。在中百一店，缺货告示已挂了两周。事实上，自月初以来，奶粉供应持续紧张。11 月，中国糖业糕点公司举行全国供应会议，着重检查奶粉和红糖两种商品严重脱销的情况。会议认为，这是各地业务部门对旺季市场变化认识不足，减少了对奶粉的进货所造成的。会议计划 1957 年第一、二季度奶粉的供应量应比 1956 年同期增加 70% 以上，并且准备适当增加一部分进口奶粉。

大中华橡胶厂轮胎

1956年国庆前夕，工业战线传来好消息——没有内胎的汽车轮胎，在大中华橡胶厂试制成功。

《解放日报》报道，9月29日在厂里，工人们经过试用和测定，证明它的质量比有内胎的轮胎还好。

当时，我国制造的汽车轮胎都是有内胎的。不用内胎的汽车轮胎属于世界先进技术。没有内胎的轮胎，优点是可以节省大量橡胶及制造内胎的设备和劳动力；有内胎的轮胎，容易发生爆炸；无内胎轮胎内还装有一层空气隔绝层，胎内空气不易散失，可以比有内胎的轮胎减少打气的次数。这种新型轮胎重量较轻，可使汽车转动轻便，让乘客感到舒适。

而生产出这种内胎的大中华橡胶厂，从1954年12月起，就实行了公私合营。

合营之前，工厂生产的双钱牌轮胎和胶鞋副次品达到17%。汽车胎因质量不好，1952年到1953年，赔偿给用户50多万元，人力车胎经常一字长蛇阵排队要求掉换。1954年，反映质量不好的人民来信多达2081封。

公私合营一年零七个月以后，职工代表周龙泉在一次公开发言中说："生产关系改变了，一切束缚生产力发展的制度都应该加以改革。"

怎么改革？

首先是工会，合营后发动全体职工人人动手，分析质量不好的原因。有人说是因为"没有质量指标、没有检验制度、没有操作规程"。

于是工厂依靠群众订出了质量指标，如建立原材料、半制品的各项检验制度，制订操作规程等。

改进轮胎质量成为关键。当时，厂党委发动轮胎车间的干部、工程技术人员，按工段和工序，与群众一起进行研究，挖出质量方面存在的21个问题。

21个问题排队，分出主要和次要，有重点地交给群众讨论；组织工程技术人员、劳动

1956 年 10 月 23 日，大中华橡胶厂试制成功一只不用内胎的轿车
轮胎，试用一个月不漏气，于是再制造了 20 只。

模范和老工人等进行专题研究，分别寻找质量事故的根源，进行技术攻关。

待到 1956 年，果然有了成果：大中华橡胶厂出品的轮胎，行驶里程从 2.4 万多公里提高到 2.9 万多公里，达到了国产轮胎中最高行驶里程，合格率从 98％ 提高到 99.74％，胶鞋合格率从 83％ 提高到 99.4％。

质量显著提高也触动了原本的资方人员，如技术副厂长薛仰清说："过去认为大中华双钱牌市面上供应不足，有许多副号次货是中百公司规格太严，不实事求是；现在认识到产品应对人民负责，同时感到工人阶级智慧丰富、力量伟大和合营后企业的优越性。"

1956 年 10 月 20 日，《解放日报》在头版刊登文章《在生产中贯彻了群众路线 大中华橡胶厂产品质量空前稳定》。文章高度评价："公私合营大中华橡胶厂所生产的轮胎、力胎和胶鞋，几乎每月都全面完成外观质量和物理性能指标。产品质量稳定的程度，是厂内历史上从来没有过的。"

工厂的职工感慨："这是党统战政策的胜利，特别是有些资方人员已具体提出放弃剥削的规划，这种行动，一定会受到广大职工的热烈欢迎，我们工人阶级队伍的大门敞开着，欢迎他们在不久以后，进入工人阶级的队伍。"

调动一切积极因素，充分发挥潜力，搞好生产，为加速社会主义建设而斗争——这是 1956 年，该厂一名职工发言的最后总结，也道出了那个年代上海工业腾飞的重要动力。

联合食堂

10.30

1956年10月30日，职工们在能容纳几百人的卢湾区商业工人第一联合食堂里就餐。近几个月来，本市很多小型商店的职工，联合举办了小型伙食团和联合食堂，解决了小店铺职工"吃饭难"的问题。上海的小型店铺每家只有一两个职工，长期以来，店小人少，没人做饭，一日三餐很成问题。公私合营后，制度逐渐统一。很多小店的职工，经行政和工会的积极支持帮助，在节约原则下，纷纷联合筹建了联合伙食团，设有专职的炊事人员。

难得的会面

11.1 1956 年 11 月 1 日，南北昆曲艺人在俞振飞家中聚首。由俞振飞吹笛，韩世昌（中）、白云生两位合唱了一段"游园惊梦"。他们 3 人已经相识了 30 年，但像这样的会见还是第一次。当年 11 月 3 日举办的昆剧大会演为观众盼望已久。参加会演的著名演员，有原在上海的俞振飞，周传瑛、王传淞、华传浩、朱传茗这些"传"字辈的弟兄们以及名票、年逾古稀的徐凌云，还有从北京赶来的韩世昌、白云生、侯永奎等人。

盖叫天

11.4 1956 年 11 月 4 日，手工艺人、画家熊松泉父子赠礼祝贺盖叫天舞台生活 60 周年纪念。著名表演艺术家盖叫天先生，从 10 岁起就开始了舞台生活，到 1956 年，已经整整 60 个年头。他所扮演的武松，被誉为"江南活武松"。为表达祝贺，文化部和中国戏剧家协会还于当年 11 月份联合在上海主办盖叫天舞台生活 60 年纪念活动。

日本商品展览会

12 月

1956 年 12 月，日本商品展览会来沪。12 月 7 日，中国人民政治协商委员会上海市委员会主席柯庆施（左）会见了团长村田省藏一行。展览中的许多纺织机、轻工业品、半导体的无线电、儿童车、玩具引起观众的极大兴趣。展览中，人们争看操作中的一套面包机，日方工作人员还请儿童尝尝刚做出来的面包味道。一个观众留言：在展览会上我看到了日本人民的劳动和智慧的结晶，感到非常高兴，我们愿意和日本人民友好。

1957
1958
意 气 风 发 时

转折的年代

1957 年 3 月的一天，善书画的演员赵丹在家中铺展笔墨。那是一幅快完工的水墨山水，妻子黄宗英抱着小女儿坐在一旁为其添墨；身后的钢琴还打开着，书橱里书不少，墙上还有一幅好字。解放日报摄影记者毕品富拍下了这个镜头："上海演员赵丹画得一手清逸的水墨山水，黄宗英和他们的小女儿橘橘便成了他的第一个欣赏者。"

这是一个再典型不过的"文艺之家"。3 月 3 日，《解放日报》用半个版刊登了毕品富和另一位摄影记者陈莹合作的专题："在电影演员家里做客"。他们在数位名角家里度过了几个愉快的下午，拍到的镜头除了赵丹作画，还有白杨和丈夫蒋君超赏玩黑胶唱片、秦怡穿着围裙下厨、孙道临展示自己的摄影作品，以及上官云珠逗鸟。

对文艺家和知识分子而言，1957 年的春天称得上愉快。前一年提出的"百花齐放、百家争鸣"，此时正入佳境。4 月 11 日的《人民日报》社论就说，这段时间来，"在哲学界、文学界、经济学界、历史学界、法学界、生物学界，展开了热烈的自由的论争；大学里开设的课程扩大了范围；在文学创作方面，在电影、戏剧、戏曲、音乐、美术活动方面，在民族文艺遗产的整理和民族文艺传统的发扬方面，也都表现了蓬蓬勃勃的生气。"

"双百方针"让人们"眼界开阔起来了，思想活泼起来了"，这让一些人有所忌惮。当时的党报社论对此斩钉截铁："目前的问题不是放得太宽而是放得不够。"《人民日报》社论写道，"党的任务是要继续放手，坚持贯彻'百花齐放、百家争鸣'的方针"；而那些唱衰"双百"的言论，被称为"一种极端的歪曲"。

要"放"而不是"收"，是一直持续数月的基调。4 月 13 日至 29 日，《解放日报》集中报道上海各界人士开展鸣放，其间连续发表多篇社论，标题从"我们

赞成 '放'",做到了 "只能 '放',不能 '收'"。整个 5 月,鼓动鸣放占据了宣传报道的主流。在这种空前活跃的空气里,复旦大学新闻系主任王中到处介绍他的"报纸两重性"——"一重是宣传工具,一重是商品",这在 30 多年后的新闻学教材中被奉为穿越时代的经典洞见。

当时的王中并不知道,仅仅一个多月后,他和许多像他一样的知识分子的人生,会发生颠覆性的逆转。

7 月 3 日,曾参与领导"五四"运动的王造时,叼着烟坐在复旦大学相辉堂。这位当年赫赫有名的"七君子"之一、后来的复旦大学历史系教授,对着一千多名师生说:"我仍认为党的政策是要放,不是要收。"

但风云早已变幻。王造时的这句话,被定性为"玩弄一套手法迷惑群众",迎接他的是一轮又一轮猛烈批判。当然,这位学养深厚的政治学家,此时到底还是出了判断差错——在最高领袖亲撰《事情正在起变化》,和《人民日报》发表了著名的《文汇报的资产阶级方向应当批判》之后,整风运动全面转入"反右派斗争"。

"反右"是 1957 年留给历史最浓重的标签。在上海,1957 年的反右派斗争和 1958 年的"整风补课",全市处理 2.8 万余人,其中 15419 人被划为右派分子。1978 年,根据中央有关精神,上海经过分期分批摘帽和全面复查,错划改正的共16297 人(包括 1957 年后迁入上海市的),9 月后 99% 的被划为右派分子的人员得到了平反改正。

不过,政治并不是理解历史的唯一维度,"反右"也不是 1957 年的唯一标签。

这一年,中国完成了第一个五年计划。在上海这个全国工业的"龙头","一五计划"的完成情况好得出乎预料。这一年,上海工业总产值达到 125.3 亿元,比 1952 年增长 98.2%；同 1952 年相比，1957 年上海产的缝纫机增长了 1.99 倍，自行车增长 6.11 倍，收音机增长 66.9 倍。这一年，上海社会商品零售总额达 26.22 亿元，比 1952 年增长 32.5%；出口商品总值达 4.52 亿美元，比 1952 年增长 2.8 倍。这一年，市区工人家庭平均每个就业者赡养人口从 1952 年的 3.6 人下降至 3.1 人；而与 1952 年相比，上海职工工资总额增长 48.1%，职工年平均工资由 804 元增至 877 元……

10 月 1 日的国庆八周年大游行上，16 万工人组成的方队赢得了最多欢呼。《解放日报》的报道里写道，"有着革命传统的上海工人，承担并胜利完成了我国第一个五年计划五分之一的工业生产任务，为国家积累了六十九亿元建设资金。"而单单数据还不足以看懂上海工人做了什么——这一年，上海造出了第一辆国产吉普车，它在苏州灵岩山的山路上开了上百公里，被认为"基本上符合技术标准"；造出了当时中国最大的一艘火车渡轮，外形"像一艘航空母舰"；造出了第一座车行立交桥、第一辆"58-I"型三轮汽车、全国第一台国产 9 立方英尺民用冰箱、第一辆国产消防用汽车、第一台卧轴矩台平面磨床，甚至第一块用于制作雨衣和台布的玻璃布。

伴随着多个"第一"的，是对"第二个五年"的憧憬。在这个意义上，1957 年同样是一次关键的转折。

上海的 158 万工人决意"在第二个五年计划中把上海建设成为化学、精密机械仪表、造船、小型钢材、无线电等工业的基地和试制新产品的基地"，他们已经开始着手试制中国第一台高级照相机、加紧建造首座炼铁高炉。这些很快都变成了现实，而人们的心气似乎越来越高——在度过了 1957 年后，中国人正式提出要"超英赶美"。而就在第二年，全国上下开始做一件前所未有的事："大炼钢铁"。

苏联马戏团

1.6

1957 年 1 月 6 日，苏联马戏团到达上海，大狗演员"杰克"嘴里还衔着团员的小提包。这是上海解放以来举行的较大规模的马戏表演。有意思的是，苏联马戏团也成为其后上海市委举行的新闻界座谈会上的一个话题，起因是"有些记者去访问苏联马戏团团员，却被有关部门的工作人员从后台轰了出来。"参与讨论的上海各报社领导认为，有些行政业务部门"不了解报纸作用"，"喜欢把工作布置下去、层层下达，却不知道利用报纸来宣传酝酿，推动工作。"

"江亚轮" 残骸

2.**15**　　1957 年 2 月 15 日，部分"江亚轮"遇难者家属和幸存者参观"江亚轮"残骸。工程师通过指出轮船爆炸处"炸孔朝里卷"的事实，批驳了国民党制造的"船是被共产党从内部破坏的"谣言。1948 年 12 月 3 日，载客近 3000 人的"江亚轮"在吴淞口外爆炸沉没，至少 2100 人死亡或失踪，事故原因至今难定。1956 年 10 月，"江亚轮"被打捞出水，修复后于 1959 年 2 月重新服役于上海至武汉之间的长江航线。

赵丹作画

3 月
1957 年 3 月间，在妻子黄宗英、女儿橘橘陪伴下，赵丹在家中作画。很快，赵丹平静的生活被"反右"运动打破了。不过，1957 年 7 月 7 日，毛泽东在上海接见的上海各界人士中，赵丹和黄宗英仍然在列。黄宗英写道："（我们）就把这大喜事告诉了我们的孩子，孩子也高兴极了，问我们：'毛主席为什么找你们谈话啊，你们是劳动模范吗？'我们听了很惭愧，我们对孩子说：'我们不是，是毛主席要我们好好工作，好好学习，为人民做更多的事情。'"

伏老莅沪

4.22

1957 年 4 月 22 日，在刘少奇的陪同下，苏联最高苏维埃主席团主席伏罗希洛夫访问上海，受到上海群众的夹道欢迎。第二天的《解放日报》拿出整个头版报道伏罗希洛夫访沪的消息，并配上了中苏友好大厦欢迎场面的线描画。头版套红的标题是八个大字："伏老莅沪 全市欢腾"。专程赶到上海迎接的刘少奇也受到了热烈欢迎——报道特别写道，"解放以后，上海人民还是第一次看到刘少奇同志。"

农民运动会

1957 年 5 月 26 日，北郊农民举行运动大会，72 岁的陆金宝正在参加拔河比赛。29 个农业生产合作社派出的 630 名参赛者中，来自国光农业社的他最为年长。而当天运气更好的或许是幸福农业社的毛秀英。《解放日报》报道说，32 岁的她"从来没有参加过体育运动，只在开会之前练了几天，在会上，她获得了铅球第一和跳高第一。"

计程车

6 月

1957 年 6 月的这天，隶属上海市出租汽车公司的出租车司机正将产妇和新生儿送入出租车。一年前的社会主义改造高潮后，该公司获国家投资 27 万多元，将一部分破旧汽车整修一新，除了车身涂上不同颜色，还在部分车辆的车门上漆了黑白方格的国际出租汽车标志。出租的价格从 1956 年改为按里程计算后，基数降低了 40% 以上，过去 20 分钟 2 元 6 角，现在 5 公里起算，每公里 3 角，如 6 个人乘坐，每人每公里只合到 5 分钱。

流氓阿飞

照片上的这个人是 1957 年 6 月 20 日被捕的。当天，他就坐进了邑庙区公安分局的审讯室里。接受预审的他被反铐着双手，除了审讯室内济济一堂，窗外都挤满了围观者。在解放日报记者毕品富的镜头里，这个被称作"老七"的男人脸上没有打马赛克。

"老七"是人们对他更常用的称呼，比"老七"更出名的词是"八海"，比"八海"更出名的是"流氓阿飞"——这一年的上海，街头巷尾都有议论。这一年《解放日报》上出现"流氓阿飞"字样的报道多达 53 篇，而从 1949 年至 1956 年，七年总共才 3 篇。

没有人对"流氓阿飞"给出过明确的定义。说"阿飞"来源于英语里的"figure"，表示"身着奇装异服、举动轻狂的青少年流氓"，都是吕叔湘、丁声树等大师编的《现代汉语词典》以后的事了。人们从《解放日报》上读到的"流氓阿飞"，除了过去残余的"阿飞分子"外，"还有一些是在学学生和在职青工以及社会青年"。他们"多是集体进行偷窃、诈骗、聚众斗殴、强奸与侮辱妇女，严重的破坏了社会治安"。他们"成群结党，出入于酒楼、茶馆、城隍庙、咖啡馆，其中最集中的地方是人民广场大道、外滩绿化地带及长寿路桥下、西郊公园等处"。他们"时常因争风吃醋、分赃不均引起聚众殴斗，甚至抗拒人民警察进行教育"——人民广场大道的人民警察劝阻"阿飞"打架时，曾被反呛"警察不该粗暴干涉人民内部矛盾"。

照片上的他被称作"流氓阿飞"里的"首恶分子"——他曾发起组织名为"平安七兄弟"的流氓集团。据《解放日报》披露，1957 年"先后被其腐蚀或奸淫的青年男女即有十余人"；他"专门在溜冰场门口勾引青年学生、工人，收做'小阿弟'，组织'小五兄弟'，称之谓'七侠五义'"，甚至"教唆女阿飞以色相诱骗腐蚀华侨学生和外地干部，并用女阿飞骗来的钱财吃喝挥霍"。

这类绘声绘色的描写，在当时的报纸上比比皆是。他被逮捕这天，记者写道，"围观的群众纷纷拍手称快"，"并要求给予流氓分子严厉惩处"。事实上，"严厉惩处"早已不只是民间意志——这年 4 月，时任上海市委第一书记的柯庆施就在一次会议上插话说，有关部门对流氓阿飞的活动"必须严加取缔"，对他们的不良思想行为"如果教育无效，应该考虑如何送他们进行劳动教养"。

此后，"打击流氓阿飞"就成为全城行动，并屡有斩获。当年 8 月，上海公安部门就逮捕了 100 多个"流氓阿飞犯罪分子"，还有更多经收容后被送往劳动改造。直至 12 月，抓获"坏分子"的消息还在不断传来，同时亦有变化："十二月上旬发生的案件就比十一月上旬减少了一百三十多件"，"他们（流氓阿飞）的活动现在都受到了限制"。

1958 年开始，"流氓阿飞"的见报率迅即下降，到 60 年代初一年至多一两次。相对的平静一直持续到 1967 年——文革第二年，"流氓阿飞"的数目再度飙升。统计当时的《解放日报》，重提这四个字的报道多达 65 篇。

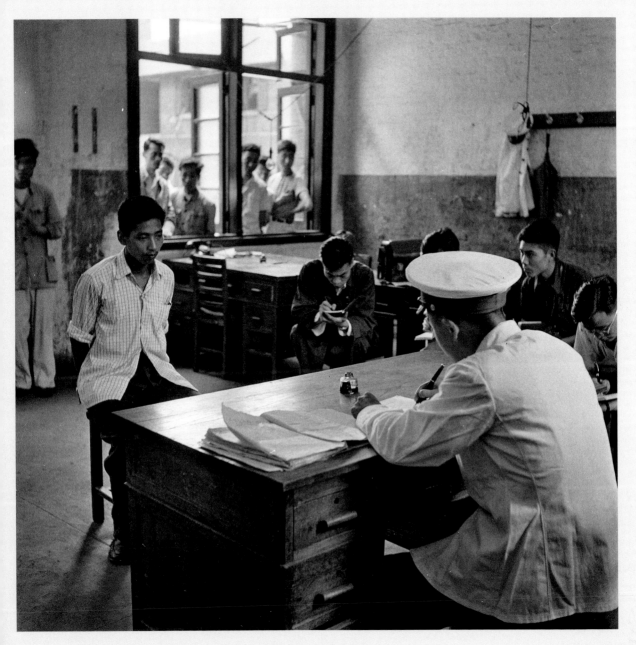

1957年6月20日，公安人员正在预审流氓阿飞集团"平安七兄弟"成员"老七"。

横渡浦江

7.2　　1957 年 7 月 2 日，在倾盆大雨中上海举行横渡黄浦江比赛。所有 121 名运动员全部游毕全程。当年，上海举办了多轮横渡黄浦江比赛，其中部分优胜者被选中参加在武汉举行的横渡长江的比赛。远在抗日战争前，上海曾经举行过横渡黄浦江的比赛，后来再未举行。自从 1956 年毛泽东主席 3 次横渡长江的消息传出后，上海游泳健儿都跃跃欲试，要求横渡黄浦江。

王造时

7.**3**　　1957 年 7 月 3 日，复旦大学相辉堂，被划为右派的复旦大学历史系教授王造时在听取群众对他的批判。6 月起，这位曾参与领导"五四"、列名"七君子"之一的政治学家受到猛烈冲击，报章上的批判文章连篇累牍。但王造时并不为之所动。7 月 3 日的这场千人大会上，叼着烟听完批判的他当场回击："如果我王造时有反党反社会主义的组织活动，有反党反社会主义的企图，愿受国法的最严厉制裁"、"我仍认为党的政策是要放，不是要收"。

孙大雨

7.4

1957 年 7 月 4 日，上海几家报社的工人登门批判复旦大学教授孙大雨。被打成右派的孙大雨备受冲击。7 月 18 日的报纸甚至刊登了一篇《孙大雨看病旁听记》，一名参与诊疗的护士记下了孙与医生的对话。孙大雨表示，"再过两个月事情就会清楚的，我是没有问题的。"护士写道："试问孙大雨，你说'两个月后事情会弄清楚'是什么意思？你还想搞什么花样？我要警告孙大雨：我们要坚决进行反右派斗争，不获全胜，是决不收兵的。"

海滨浴场

7.10 1957 年 7 月 10 日，位于高桥的上海工人海滨浴场首日开放。江宁区 30 多所工厂专门组织了海滨活动队，趁厂礼拜来此度假。据《解放日报》报道，这个面积 13 万平方米的海滨浴场可容纳近 1 万人，岸边的淋浴设备利用河浜的水经过消毒过滤从水塔接到淋浴室，1 个钟头可以打 10 吨水，"游客在浴场起水后就可以在这里把身上泥沙冲得一干二净，淋浴室里大约装有一百六十二个莲蓬头。还有五条救生船，准备发生意外时抢救之用。"

海魂

7.**24**　　1957 年 7 月 24 日，电影《海魂》剧组与东海舰队某舰官兵联欢。官兵们被请到海燕电影制片厂的摄影棚里。《解放日报》报道，官兵中的"舰上表演家"们演出了笛子独奏、国乐合奏、独唱以及战士自己创作的快板等，而赵丹、徐韬、蒋锐等名角也表演了拿手好戏。

看军舰

8.1　1957 年 8 月 1 日，上海举行庆祝建军 30 周年登舰活动，20 多艘舰艇停泊于外滩，5000 多群众登舰参观。《解放日报》报道中特别写道，这些舰艇"一部分是日本造和美国造的，有的是从国民党反动派那里俘虏来的，有的是原国民党海军光荣起义过来的，而更多的舰艇则是解放后我们自己新建设的。"

电话"五换六"

8.31　1957 年 8 月 31 日深夜，上海市全市电话开始切换至 6 位号码。解放日报记者详尽记录下当夜"五换六"的全过程。9 月 1 日 0 时 03 秒，市电话局福建路分局机间的记发机上绿灯闪耀，第一个使用六位号码电话的用户 531919 和 295678 顺利地正式通话了。

亚洲电影周

9.**12**　1957 年 9 月 12 日，上海举办亚洲电影周，13 个国家的电影工作者参加。5 天
时间内，上海六家影院共放映了 202 场，观众达 29.9989 万人次，上座率高达
100%。图为上海女演员引领各国女演员参观。

王中

9.**18**　1957 年 9 月 18 日,新闻日报职工在发言揭发、批判复旦大学新闻系主任王中(桌前沉默者)。在反右整风运动中,王中提出的"报纸两重性"(即同时作为宣传工具和商品)、"要重视读者需要"等理论,遭到严厉批判。直到"文革"后,人们才意识到,这些当初的"反党新闻纲领",恰恰是新闻业的规律及新闻学的常识。

国产吉普

9.20 1957 年 9 月 20 日，上海产的第一辆国产吉普正在苏州进行爬坡试验。这辆用 1600 余种国产零件组装成的吉普车，以每小时 45 公里的时速从上海市郊一路开往苏州。到苏州后曾在灵岩山的山路上进行爬坡试验，以后又在苏州市郊金山乡附近高低不平的崎岖地形进行试验。这一天，国产吉普共行驶了 300 多公里，结论是，"已基本上符合技术标准"。

周璇同志

　　1957 年 6 月 25 日，37 岁的周璇暂时褪下精神病院的病号服。她被老搭档赵丹请到家中，见到了郑君里、黄晨、吴茵、上官云珠、陈歌辛等一众老友。同行的中央新闻纪录电影制片厂摄影师和《解放日报》摄影记者拍下了多组镜头。《解放日报》告知公众，"不久，观众们就可以在电影院里看到久别银幕的周璇了"。

　　数日后，新闻纪录片《访周璇》公映，人们看到周璇在赵丹的客厅唱起那首最熟悉的《天涯歌女》。这时的周璇同精神分裂症纠缠了数年，也对这新时代努力适应了数年——1950年秋天，从香港回到上海的她，在大光明公司主演《和平鸽》，结果拍了五分之四便因精神病发作而不能继续，随之展开漫长的疗伤。

　　六年间，周璇辗转了数家精神病院，终于在上海精神病疗养院安顿下来。而在大众媒介上，昔日红得发紫的"影后"和"歌后"几乎消失了——从 1951 年至 1956 年，《解放日报》上仅有的两次出现"周璇"，一次是一则义演讯息，一次则是其与男友朱怀德宣布解除同居关系的声明。

　　直至 1957 年春天，周璇才重回公众视野。年初，她和赵丹主演的《马路天使》，被作为"'五四'以来进步影片"再次公映。3 月 23 日，《解放日报》刊载新华社电讯称，"周璇病情稍见好转"。

　　报道的结尾记录了这样的场景：黄宗英问病中的周璇，"等你病好了以后我们一起拍电影好吗？"周璇回答说："老了，不能再演戏了。"黄宗英抚摩着她的手："白杨、舒绣文姐姐比你年纪大，现在都常常拍电影，将来我们演两姊妹好不好？"这时的周璇微微地笑了。记者说，"她那颗深受伤害的心，似乎激起了小小的波纹"。

　　此后，"那颗深受伤害的心"似乎确在平复。5 月 3 日起，她开始频频被接去电影界的老朋友家做客、吃饭，也练歌、弹钢琴。如同十多年前一样，老搭档们依然唤她"小璇子"，陈歌辛说要为周璇写一首《枯木逢春》，赵丹和导演白沉则想为她量身定制一部电影剧本。

1957 年 6 月 25 日，周璇由精神病疗养院医护陪同，到她的老朋
友家里去作客，并演唱一曲《天涯歌女》。数月之后，周璇去世。

这或许是多年来难得的平静时刻。在赵丹家里，一身浅色西服套装的周璇始终微笑，略带羞涩。后来有人说，这时的周璇"彻底成为了一个普通的老百姓，改造是成功的"。

　　但没有人想到，不到3个月后的9月22日，被认为即将痊愈的周璇突然病逝。对外公布的死因是脑膜炎。上海精神病疗养院院长苏复，专门开了一个长长的记者招待会，强调此前"周璇病状所以能够好转，完全是由于党和政府以及她生前友好无微不至的关怀帮助"——3个月前周璇到赵丹家的那次做客，苏复亦在陪同之列。而此时的陈歌辛，迎来了文艺界的猛烈批判——一众人士怒斥"右派分子陈歌辛之流的造谣"，"他们说周璇是因过不惯解放后的生活而发疯的"，论战一直持续数月未决。

　　当然，周璇再不会知道这些纷争。她同样不会知道的是，自己的葬礼之后，《解放日报》刊登的讣闻里，"著名电影女演员周璇"被第一次称为"周璇同志"。

1957年9月24日，周璇的公祭仪式在万国殡仪馆举行。周璇是于9月22日晚因脑炎不治去世的。

彭浦工业区

10.1

1957 年 10 月 1 日，华通开关厂工地正在进行测量工作。随着华通开关厂开关板车间以及之前开工的新业电工机械厂机械加工车间的建造，在上海北郊新辟的彭浦工业区逐渐成型。

国庆游行

10.1　1957 年 10 月 1 日，上海举行盛大国庆游行，30 万人的队伍高举着胜利的旗帜浩浩荡荡前进。《解放日报》报道中说，这场游行"是在建设社会主义祖国的斗争中各条战线胜利者的大会师"，"人人都为反右派斗争的巨大胜利而欢呼，为完成和超额完成第一个五年计划的杰出成就而欢呼"。不过，在当天夜晚，由于人群涌入人民广场观看国庆烟火，发生重大伤亡事件，挤死 7 人，挤伤 20 多人。

郭沫若

10.4 1957 年 10 月 4 日，中国科学院院长郭沫若来到冶金陶瓷研究所，观看大字报。这不是郭沫若第一次在上海看大字报。9 月 25 日，他踏进中科院上海分院，一抬头石柱上就是一张："请郭院长进一步倡导与发扬各类人员间互相尊重的风气。"郭对陪同人员说，这个意见很好，不但要互相尊重，还要互相亲近、互相团结。临近天黑告别时分，郭沫若又一次告诉大家，"以后一定克服高高在上的官僚作风，专程到基层来。"

为苏联制造

10.4 1957 年 10 月 4 日，上钢三厂为苏联制造的大型船舶推进器浇铸成功。从 1952 年至 1957 年上半年，上钢三厂先后迎来过 107 位苏联专家前来工作或参观，获得其提出的 769 件建议。1957 年 10 月 22 日，上钢三厂总工程师陈诗纯在《解放日报》上撰文称，上钢三厂的发展 "就是中苏友谊的成果"；而在 "超英赶美" 的过程中，"我们有了掌握世界最新技术者的苏联老大哥的帮助，一定能克服困难，迎头赶上！"

草婴

10.20

1957 年 10 月 20 日，翻译家盛草婴正在翻译肖霍洛夫的著作《静静的顿河》。3 个月前，《解放日报》刚刚刊登了由其翻译的肖霍洛夫短篇《粮食委员》。而在是年 11 月上海作协举办的苏联文学座谈会上，草婴和靳以等作家列举了一串"光辉的名字"：高尔基、马雅柯夫斯基、别德内依、费定、富曼诺夫、法捷耶夫……在作家们口中，这些人"都是生活里的战士"。

共和新路桥

1957年10月31日，贯通本市南北交通的共和新路行车行人旱桥胜利完工，并于次日通车。自1908年沪宁铁路建成后，上海闸北地区即无形中被分为两个部分，每天火车通过时，随时都要封闭交通。在1957年前，每天因此封闭交通时间累计达七八个小时之久，交通、行人均感不便。直至旱桥建成，痛苦终于成了历史。

特务落网

1957 年 11 月 1 日，"潜藏阁楼和楼梯暗洞 7 年，妄图伺机进行颠覆活动的反革命分子龚炎"被虹口公安分局逮捕。龚炎解放前任职上海电力公司，1950 年曾"潜赴香港，先后与台湾特务头子邓文仪及香港特务组织联络"。后"潜回大陆，企图在上海进行颠覆活动"，"一直潜藏于阁楼和楼梯暗洞中"。龚炎被捕时，"当场搜出擦得崭新的毛瑟手枪一只、子弹十四发、短刀一把，以及保存得完整无缺的三青团证、国民党证和委任状。"

等候

11.**7** 　1957 年 11 月 7 日，在庆祝十月革命胜利 40 周年之际，苏联小朋友在领事馆门口等候前来参加庆祝会的中国小朋友。这一天，上海全城张灯结彩，8 时不到，住在上海大厦里的许多苏联专家寓所的门铃就开始响了，一批批中国同志手拿鲜花前来祝贺；而联欢会、展览会等各种庆祝活动亦持续整日。次日的《解放日报》写道，这一天"到处在庆祝，到处是欢乐，整个城市都浸沉在节日的气氛里"。

学生下乡

11.**21**　1957 年 11 月 21 日，同学们欢送下乡劳动的同学。这一天，上海第一医学院第一批参加农业体力劳动的 163 人正式下乡，其中绝大部分是应届毕业生，此外还有工作多年的讲师、助教、技术员、护士和行政人员。他们将在东郊区泾南乡东漕、西漕、民星三个农业生产合作社从事半年以上的农业体力劳动，和农民同吃同住同工作；并将在劳动之余，帮助农民学习文化，向农民宣传卫生常识。

玻璃布

1957 年 11 月 22 日，上海化工厂试制玻璃布成功，这种玻璃布就是雨衣和台布的材料。当年 6 月，《解放日报》报道称，上海正在筹建一个用玻璃纺纱织布的工厂，将安装 40 台特别设计的纺丝机，一只熔化玻璃的坩锅窑以及一批拼线机、织布机等设备。据当时的设想，投产后，"进厂的将是沙子等制造玻璃的原料，出厂的却是洁白柔软的玻璃纱、玻璃布等产品"。

火车渡轮

11.23

1957年11月23日，"上海号"大型火车渡轮成功下水。这是江南造船厂自行设计的我国最大的一艘火车渡轮，也是该厂解放后新造船只中最大的一艘，一次可装载50吨货车30节或15节客车过江，装载能力比"南京号"渡轮（当时中国最大的一艘）要大四分之一。由于"南京号"当年8月进厂修理，在南京与浦口之间，只剩下一艘"浦口号"渡轮，以致许多车辆不能按时过江，"上海号"制成使用后，保证了大江南北运输畅通无阻。

"新农民"

　　1957 年的冬天，蒋文焕前脚还在马勒别墅前的草坪上，后脚就踩到了西郊陇西村的菜地里。12 月 10 日，解放日报记者谷苇、樊天益写回的稿子上，特意用了一句转折："团市委副书记——不！新农民蒋文焕正在学习铲菜。"

　　这一年，无数像蒋文焕一样的机关干部离开办公桌，当起了"新农民"。这甚至可以被视为 10 年后轰轰烈烈的"上山下乡"运动的一次先声——是年 10 月 7 日，《人民日报》刊发题为《到农村去！到劳动战线上去！》的社论，要求各地大量抽调高级机关的工作人员，直接下放到农村去，到劳动战线上去。

　　《人民日报》社论直言，"目前我国许多机关和企业、事业的管理机构组织庞大，层次过多，人浮于事"，而只有将足够量的机关干部下放农村，"才能够彻底克服国家机关和其他管理机关的头重脚轻的现象，才能够把我们的反官僚主义的斗争大大推进一步"。这算是整风运动的一次小高潮。而号令发出之后，年轻干部要求"被下放"的大字报，就贴满了各地机关大楼。

　　蒋文焕写的大字报贴在马勒别墅里，他要求让自己"脱下干部制服，穿上粗布衣，到农村中去！"。仅 11 月 27 日一天，团市委机关贴出的大字报就有 169 张，要求下乡的人超过了机关总人数的一半以上。据《解放日报》报道，团市委机关内的三对夫妻、两对情侣都安排好了自己的生活，"决心做一个社会主义的新农民"。

　　而在中共东郊区委，从区委第一书记开始的一众干部亦表示"要到农村安家落户"。区委宣传部长沈诺江在区委委员会议上宣布，自己已经同妻子商量好了，"我原是农民出身，还回到农村去，我的爱人过去是工厂的女工，她要回到工厂，我们俩都坚决要求回到生产战线上去。"

　　12 月起，数千名机关干部、大学生和知识分子陆续"如愿"下放市郊农村。从媒体的公开报道看，这些给农村"带来了政治、文化和劳动力"的年轻人颇受农民欢迎。团市委

1957 年 12 月 9 日，团市委下放干部在出发前合影。

常委周蔚芸被编在华村二社第二生产队劳动，住在社员沈玉田家里。这家人家特地给她让出了一间房，有一个朝南的窗户。农民给他们分配的任务也经过了优待，"主要是干些除草、摘棉花、铲菜等轻劳动。有些女同志被分配在社里挑选棉花，把好花和坏花分开来。比较重的劳动是翻土或者是拖着菜车把蔬菜送到市上去。"解放日报记者写道，"但是，这些下乡的青年干部们都抢着重活做。"

当然，重活做得好坏，还需另说。据《解放日报》报道，团校去的叶明华和青年报去的朱作民，都抢着去拖菜车，他们在一清早就把五六百斤重的菜车拖到漕河泾镇上去。团市委的高新发和张士华也抢着去翻土。"他们一开头力气都很大，翻土翻得很快，可是后来，力气到底还不足，只能把土翻开，没有力气把土块打碎了。"交通局的几位似乎表现不错，被要求堆肥的"手脚之快、干劲之大，得到了老农民顾月江的赞扬"。这个老农民告诉记者："像这样的干部，已经使出了十分本领，我看今天足有六七个工分可得。"

1957 年 12 月 6 日，徐汇区团委的一对年轻夫妇被同事们拥抬起来，祝贺他们都被批准下乡。

控诉

12.24　1957 年 12 月 24 日，曙光农业生产合作社社员在控诉富农与地主。1957 年 6 月下旬之后，上海郊区农村经过宣传学习毛主席"关于正确处理人民内部矛盾的问题"后，干部和社员被动员起来，开始揭发和反击"不法地主、富农和反革命分子的破坏活动和复辟阴谋"。农民们说："合作社是我们的命根子，哪个破坏它，我们要用命和他拼！"

三轮汽车

1957 年 12 月 28 日，第一辆国产三轮汽车行驶在南京东路上。《解放日报》报道，这辆三轮汽车在街头往返行驶了两个多小时，发动机一直很正常，没有发生过半点故障。驾驶员丁永吉讲述体验：虽然只有三个轮子，但这辆车的平稳程度并不低于四个轮子的汽车。"驾驶台宽敞，驾驶起来灵活、轻松，毫不吃力。它的爬坡性能也很强。"

1958

意 气 风 发 时

组织起来

1958 年 3 月 20 日，解放日报记者在上海卢湾区巨鹿路菜场用镜头记录下这样一个瞬间：散布于巨鹿路菜场的摊贩们被组织起来，排成四列，听从高音喇叭的指令，在马路上集体做广播体操。

前来买菜的主妇们挎着篮子、抱着孩子，饶有兴致地看着全菜场的摊贩做这新式的运动，没有一个人开口催促。只见换上了中山装的卖菜者，胸前还挂着围裙的肉贩，到了指定时间，都放下手中活计，聚集到指定地点，开始勉力弯腰转腿，动作整齐划一。

这个看似平常的场景，对上海来说，却意味深长。

过去，因为以移民为主，同一条里弄可以安置下七十二家籍贯不同风俗各异的房客；同一幢公寓可以住着南来北往各色人等。因习俗等不同，城市邻里之间、人际之间互不干扰，甚至不相往来。

而今，组织起来，在 1958 年，集体这个概念，越发深入人心。

"组织起来，人多力量大。"

在这一年，组织起来，700 万上海人感受到了一种过去从未感受到的力量——集体的力量。这一年，上海人目睹并参与了这一切——

5 月，全市组织了由 1.2 万多名机关干部和学生组成的宣传队，大街小巷宣传"鼓足干劲，力争上游，多快好省地建设社会主义"的总路线。据载，有 200 多万人直接受教育。

而在这之前，4 月 27 日为上海市突击消灭麻雀统一行动日。从凌晨 3 时至晚 21 时，全市各行各业人员停工、学生停课，组织起来，各处布人，摇旗呐喊，一起驱赶、捕捉麻雀。

8月，上海发出"工农商学兵，跃进再跃进"的号召，动员全市"掀起比思想、比作风、比智慧、比干劲的社会主义竞赛高潮"。"人多力量大，全民大炼钢"。至10月，全市各行业建起6700多座大小炉子，除40多万冶金系统职工参加炼钢，在出钢高产日那一天，全市统计有多达100多万人参加炼钢。在这样的热忱之下，几千年来各种运动都不曾触及的家庭妇女，坐不住了，姐妹们组织起来，走出家门，四处搜集废铜烂铁，为全民炼钢拾柴背煤……

　　也正是从这一年开始，上海新建、扩建一大批大型骨干企业。"上海制造"成为了响当当的品牌，上海占据了中国工业的金字塔尖。在这一年，全市工业进行第二次改组，大量商业从业人员转行，上海开始大规模的基本建设，始建成日后的上海机电工业基地闵行、煤炭化学工业基地吴泾、轻工业和机床工业基地松江、汽车工业基地安亭、科研和仪表工业基地嘉定和钢铁工业基地吴淞等6大工业区。

　　一个在过去五方杂处、各自为政、商业气息浓重的上海，由此被赋予了一种全新的格局和面貌。

　　组织起来，集中力量，或真的可办大事。上海骄傲，上海见证：解放后首座炼铁高炉建成、第一辆四吨载重汽车试制成功、第一辆凤凰牌轿车驶上马路、第一辆轮式拖拉机出厂、上海牌手表上柜、中国第一座实验性原子反应堆运转、全国第一台国产中文打字机面试、第一台国产电子管黑白17英寸电视机出品、全国第一家自行研制的水上飞机问世、世界首创的第一台1.2万千瓦双水内冷汽轮发电机试制成功……

　　在郊区，农民兄弟也组织起来了。据当时报道，在"跃进再跃进"的口号下，提出"夏季秋季作物高产放卫星：水稻亩产5000斤，皮棉亩产1000斤，小麦亩产 3000 斤"。在高级农民合作社迈向人民公社的进程中，上海县率先成立了"七一"人民公社。之后，郊区全面跃进，深翻密植，大办食堂，收回自留地，吃饭不要钱。但很快，次年 1 月，郊区纠偏，"吃饭不要钱，敞开肚皮吃饱饭"的供膳办法停止实行。

组织起来。自 1958 年秋起，上海在"全民整风和总路线教育"基础上，以生产为中心，兴办集体福利事业。以城市人民公社业态，将职工家属和其他市民组织起来，在城市基层社会中形成"街道里弄工业化、生活集体化、家务劳动社会化"。里弄街道工业化由于不顾科学规律，盲目生产，浪费原材料，之后逐渐萎缩。生活集体化也因有悖于社会生活发展规律而式微。至于家务劳动社会化，则为城市生活带来与居民相关的服务性行业，如托儿所、敬老院、食堂等，也算是对于那个年代强调先生产、后生活所缺失的一种所需，起到了补充的作用而存留下来。

至于 1958 年的大跃进、全民炼钢和人民公社化运动的高潮，使以"放卫星"、高指标、瞎指挥、浮夸风和"共产风"为主要标志的左倾错误严重泛滥开来，打乱了正常的经济建设秩序，浪费了巨大的人力和资源，造成了国民经济比例的严重失调，使国家和人民遭受了巨大的损失。

汉语拼音

1.**9**　1958 年 1 月 9 日，上海街头出现了采用汉语拼音字母的电影海报。自 1955 年启动的文字改革，主要内容有三："简化汉字，推广普通话，制定和推行汉语拼音方案"。其中，汉语拼音方案于 1958 年通过，上海随之也掀起一个推行汉语拼音方案和推广普通话的热潮。当时市教育局要求全市中、初等学校教师年内必须学会汉语拼音方案，两年内学会普通话，3 年内用普通话教学。

"七无"

3.5 1958年3月5日，为使鸿福里成为"七无"安全区，一名少年向居委会保证，改正赌博、骂人等不良行为。在向全国公安系统发出的公安工作大跃进竞赛书中，上海市公安局提出建立"七无"安全区的倡议，即：无盗窃、无赌博、无漏报户口、无流氓阿飞活动、无政治性破坏事故、无火灾、无交通事故。倡议得到上海市民热烈支持，有的里弄提出要在一个月内建成"安全区"，民警认为要求太高，积极分子就批评："你们太保守了。"

里弄整风

3.7　　1958 年 3 月 7 日，江宁区金司徒庙街居民发动起来，全体投入里弄整风运动。里弄整风是全民整风运动的一个部分，初衷是改进政府的各项工作。里弄居民大鸣大放，对国家机关和干部提出批评和建议。金司徒庙街居民，一周贴出的大字报就达 1.3 万多张。掀起大鸣大放的里弄居民，此时见面不再问"你饭吃过了没有？"而是："你大字报写了几张？"

广播操

3.**20** 1958 年 3 月 20 日，卢湾区巨鹿路菜场摊贩每天 3 次广播操。年初，上海提出
要在当年短时间内，争取 400 万以上的人参加以广播操为主的多种多样体育活
动，并提倡每人每天至少参加 10 分钟体育锻炼。卢湾区全区 2000 多个菜场摊
贩都卷入了学习广播操的热潮，"全区菜贩在菜摊前、肉案旁一节又一节地学
着第一套和第二套广播操，他们下决心要做会做体操、懂得锻炼身体的摊贩"。

52万只麻雀之死

52万多只麻雀，在1958年走到生命尽头。

1958年2月12日，中共中央、国务院发出《关于除四害讲卫生的指示》，提出要在10年或更短一些的时间内，完成消灭苍蝇、蚊子、老鼠、麻雀的任务。因为食禾稻，麻雀这种文鸟科的小东西，被视为害鸟。

为消灭麻雀，1958年4月，上海成立了"上海市作战总指挥部"，由市领导担任正副总指挥。这是一项任务，也俨如一场运动。糟蹋粮食，害鸟人人喊打。全市大中小学师生、机关干部、里弄居民、工人、农民、店员，积极动员，行动起来了。

由于麻雀的生理弱点，连续在空中飞一小时以上就会疲惫不堪，极易被擒或自坠。因此，当时上海人灭雀的战术采取轰、打、掏等综合措施。时至今日，但凡超过65岁的上海人都会记得这一幕：在"战斗"的日子里，市里各个楼房上、院子内、弄堂里、大小马路上、市郊农田里遍布岗哨、假人或红旗，市民们摇旗呐喊，锣鼓齐鸣，吓得麻雀昏头转向，不敢停留片刻，直到筋疲力尽，落地身亡。晚间，又有突击队员们出动掏窝，搜索漏网的麻雀和雀蛋。

其时，江南造船厂职工，在灭雀运动中还创造了一种新式武器——氧气炮。这种炮是用废铁管制成的，只要在管内放少量柴油，管下点火，再通入氧气，即可发出震耳般响声。在灭雀运动中，他们使出这种武器，麻雀顿时丧魂落魄，有的当场昏厥，自高空摔下。

在这声势浩大的全民行动中，连一些盲人都想积极参战。据报载，全市统一灭雀日，上海康定路1054号一退休的盲人师傅，让他的爱人把他带到三楼晒台，坐在那里为灭雀的邻居们敲锣，镇守一方。而住在余姚路517弄的另一位盲人，清晨5时就出门，投身于灭雀宣传。

为夺取灭雀运动的胜利，是年12月2日，市灭雀指挥部在市爱国卫生运动委员会办公室成立，并制定了作战计划：继4月27日之后，决定于12月13日清晨6时，全市再次统

1958 年 4 月 27 日，大场镇居民拿着战利品去报喜。

一行动，灭雀。

为配合和记下这场战役，《解放日报》特出版"立即作好一切准备，全民动员大歼麻雀"专页——

大战前夕，大街小巷，一片战斗气氛，人人摩拳擦掌。新成区连夜赶制八万多个假人，十万多面彩旗。南汇县的书院公社组织了十个火枪队，一百四十个网捕队，一百五十个捣窝队。顺昌造船厂党组织负责人亲任指挥，画出作战地图，每隔三十公尺设一岗哨。市区内共设立一百五十个火枪区。仅闸北区就有一万多名学生奔赴和宝山县交界的塘南乡。

为了灭雀，这天空军飞行部队停止飞行训练，陆海军许多战斗单位停止战斗训练。在西郊，连来访的德意志民主共和国人民军埃利希·魏纳特歌舞团的一百多名演职人员，也和居民们一起参加了灭雀战斗。

据市灭雀总指挥部的不完全统计："两天突击、三天扫荡到十四日深夜十二时为止，共灭雀五十二万三千三百八十一只，掏窝十二万五千一百九十六个。"

平均一只死雀一两重，52万只死雀共重十六吨多，各区县除了送给华东师大做解剖和历史博物院做标本外，其余的死雀一般都作为肥料使用。

1960年，中科院朱洗、郑作新等科学家为小麻雀"作无害辩护"，麻雀始得平反，其在四害中的地位为臭虫所替代。今天，屡遭雾霾的城市，则又开始呼唤麻雀。

农民食堂

5.21

1958 年 5 月 21 日，西郊区朱行乡集心合作社第一生产队组建农民食堂，只花了 1 角 8 分买油，所有桌椅碗筷、炊事用具都由社员自动集中。在农民食堂创办初期，农民如不满意，可随时退出。当时流传着一支歌颂农民食堂好处的山歌：社社队队，都办食堂。食堂食堂，实在灵光。省出劳力，投入农忙；粮食节约，伙食也省。干群同吃，亲热非常；开起会来，不花辰光。听听广播，像登天堂。思想疙瘩，全部解放。

潮水发电

1958 年 5 月 21 日，西郊区上中乡"潮锋"潮水发电站落成，西郊区 1000 多乡社干部都来参观。这个小型水力发电站建设动工于当年 4 月 18 日，最初计划是争取五一节发电成功。为此，当地农业社社员喊出口号："要钱出钱，要人出人，在五一节把发电站建设完成！"社员们自动集资，并捡集了 12 万块板砖运到工地。最终，五一节发电的热望没有达成，正式发电时间是当年的 5 月 21 日。

交通牌大卡车

5.**22**

1958 年 5 月 22 日，本市制成第一辆交通牌运输大卡车，报喜队驶往各处报喜。这辆六轮载重卡车的诞生在当时被誉为"揭开了上海汽车修理工业开始走上汽车制造工业的新的一页。"根据当时报道，工人们认为技术人员要花半年到一年的时间画个图纸太慢，于是就根据自己脑中的"成千成万的图纸，只要用粉笔在地上画画就行"。于是，苦战 50 天，这辆大卡车驶上街头。

比"大炮"更好

6.9 1958年6月9日，一辆据称比英国"大炮"牌更好的国产重型摩托车，在市石油公司杨树浦储油所车间试制成功，定名"海燕"。制造这部摩托车的车间只有近30人，设备残缺，技术力量不足，也没有摩托车的设计图样。工人、技术人员向交电公司借来一辆旧的"大炮牌"摩托车，把机件拆开，仿实样制造。由于订货很多，上海其后正式建立摩托车厂。

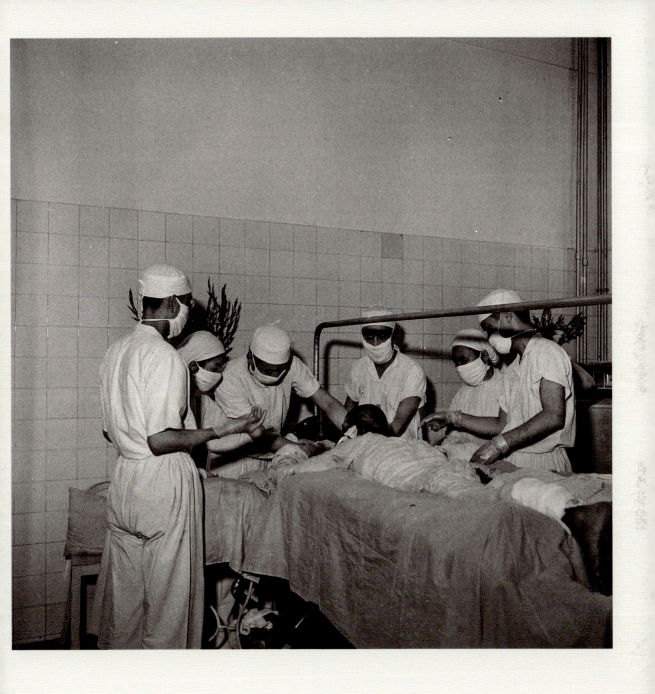

丘财康

1958 年 6 月 14 日，广慈医院医生护士正在护理上钢三厂司炉长丘财康。丘财康在当年 5 月 27 日被炼钢炉铁水灼伤，灼伤面积达 89.3％。原本一些医生对救治信心不足，但在"为劳动人民服务"的感召下，打破对国际有关文献的迷信，进行创造性的医疗工作，最终拯救了丘财康。在治疗过程中，丘财康十分坚强。他对医生说："想办法把我医好吧！我这个人很重要，炉子离不开我。"

225

敞篷电动小轿车

6.27 1958 年 6 月 27 日，上海市出租汽车公司试制电动小轿车成功，定名"奔腾"。它的优点是：在行驶时没有多少声音，也不像汽油车那样会排泄废气，对保持城市的安静和卫生很有益处，而且"车顶是敞篷的，夏季乘坐非常风凉"。这辆车的制造，是以大跃进的速度进行的，前后只花了 20 天时间。

失物招领

1958 年 7 月 26 日，新成区公安分局失物招领处人员正在登记几支刻有姓名的遗失钢笔。"失物招领处"是 1958 年的新事物，专门承担处理群众失物收缴、发还工作。过去虽有失物招领，但手续麻烦，地点分散，失主往往不得其门而入，造成失物越积越多，以新成区为例，在失物招领处设立之前，分散在各处的失物从手表、照相机、钢笔、五金工具一直到鞋子、袜子、手帕、校徽等等，已不下几千件。

卫生监督岗

7 月

1958 年 7 月，在上海马路上，卫生监督岗连绵不绝，相隔百来米就有一个妇女戴着红臂章，手执苍蝇拍，见蝇就拍，见垃圾污水就扫。"卫生监督岗"是上海向杭州、扬州等地学来的经验，但在推行中也遭遇一些问题。有的里弄居民抱怨地区办事处下达行政命令，按户派岗，站岗次数又太多，影响家务。有的居民家因双职工无法站岗，只得出钱雇人。

大示威

7.17

1958年7月17日，上海举行10万人示威集会，反对美英侵略黎巴嫩和约旦。美英帝国主义的侵略行为，激怒了上海人民。继17日的示威集会后，上海50万群众又于次日举行游行。一位72岁的老人气愤地说：我们老人也决不容许美帝再来放火！另一位73岁的老人也要求参加游行，里弄干部请他不要去，他就叫上他全家的人都去游行。

惊险话剧

7.**30** 1958 年 7 月 30 日，上海人艺上演四幕九场话剧《智取威虎山》。为增加剧情表现力，上海人艺在表演中加入了许多京剧表现技巧。当时，剧作家王炼将该剧称为"惊险话剧"。在一篇评述中，王炼写道："惊险，首先是一种形式，它必须服从内容，为主题服务，为人物服务，如果为惊险而惊险，离开内容追求形式，必然会走入歧途，遭致失败。"不过王炼也说："这种惊险样式的话剧，目前还不多。"

中苏会谈公报

7 月底

1958 年 7 月底 8 月初，苏共领导人赫鲁晓夫访问中国，中苏发表公报，谴责美英侵略黎巴嫩和约旦。8 月 3 日夜，上海市民争购刊载公报的报纸号外。当夜，号外发行了 30 万份。4 日，各界群众又开展了对公报内容的阅读和学习，为中苏共同保卫和平的决心而振奋。然而，也正是从赫鲁晓夫这次访问开始，中苏之间的分歧逐渐公开并日益加深。

抽屉浦江桥

8.6 1958 年 8 月 6 日，50 岁的卖酒酿市民史隆裕在展示他设计的黄浦江大桥。史隆裕只读过三四年私塾，"但社会主义建设总路线给了他很大的鼓舞。"看到报载有关部门正为黄浦江上 "一桥飞架" 费尽脑汁后，他大胆设想，设计的这座模型是在沿江边建造接线道路，和正桥垂直平交。为便于海轮通过，他还设计了像抽屉一样可以伸出抽进的活络桥面。这种抽屉式桥面，和当时世界上的三种桥面（双开式、单开式和旋转式）不同，据说 "是一个非常大胆的尝试"。

服从祖国分配

8.14 1958年8月14日，西北5省中专在沪招生，上海姑娘踊跃报名，争先支持外地建设。"党指向那里，我们就战斗在那里！""到祖国最需要的地方去，到最艰苦的地方去，到边远地区去！"服从祖国分配，一切为了社会主义！这是当时的青年的豪迈口号。截至是年9月，已有5.4万多青年报名参加江西、青海等12个省、自治区的工农业建设和中专学校学习。

十五年超英

8.**15**

1958 年 8 月 15 日，上海机床厂工人们正在阅读学习刊载市委"跃进再跃进"号召的报纸。为了响应和实现党的号召，迅速掀起新的生产高潮，快马加鞭赶上英国工业水平，上海机床厂、国棉五厂和大中华橡胶厂分别向全市机电、重工业厂、棉纺织厂、轻工业厂提出开展社会主义竞赛的倡议。上海机床厂决定要争取在 15 年时间内在磨床工业方面赶上或超过英国。

"小厂大跃进"

1958 年 8 月 16 日，在西康路一条弄堂里的公私合营永鑫无缝钢管厂，工人正在生产高级小型无缝钢管。据当时的报道，这是一家简陋的弄堂小厂，设备陈旧，工人百把人，技术水平不高，全厂没有一个工程师，领导干部也刚转业来不久。但就是这个厂，在经过"多快好省"对"少慢差费"的斗争后，制造出了 76 毫米高级小型无缝钢管，成为全国首个能自行设计、并能与鞍钢无缝钢管厂相媲美的小型无缝钢管厂，被视为"小厂的大跃进"。

消灭臭水浜

8.**21**

1958 年 8 月 21 日，在彻底消灭臭水浜的号召下，黄浦区商业工作者出动，支援法华浜填浜工程。是年，为消灭蚊虫巢穴，本市全面治理臭水浜。4 月，作为当时上海最大的臭水浜——法华浜的埋管工程开工。周边干部群众和部队官兵利用假日在工地上参加了义务劳动，每天都有 3000 人参加。当年，全市 36 公里的小沟小洼地，棚户区宅前宅后共长 40 公里的小明沟，都被市民填平。

卫生大改观

8.21 1958 年 8 月 21 日，西邻里居民一大清早就开始了集体大扫除。一周后，中央、北京、天津"除七害、讲卫生"参观检查团分四组深入上海的工厂、里弄、学校、机关、商店，细致检查。根据报道，所到之处，只见卫生面貌大为改观。墙壁雪白，污水沟没有臭气，垃圾倒入箱内，臭虫捉光，七害基本歼灭。如福源里 15 号是一幢三上三下的房子，内住 33 户共 142 人，4 个月里搞了七八十次大扫除，楼梯刷得像桌面，使参观者不忍穿鞋踏在上面。

千岁合唱团

1958 年 8 月 26 日, 朱家湾福新里 18 位老人组成千岁合唱团, 练唱自己创作的歌曲《争取做标兵》。朱家湾是普陀区的一个劳动人民集居地。是年, 在大跃进的口号号召下, 朱家湾福新里的居民只用一天功夫, "就把业余中学、民办小学、图书馆、文化站、食堂、托儿所……都办起来了。" 200 多名文艺活动积极分子连夜出动, 在居民乘凉的时候, 到各里弄教歌, 一霎时, 朱家湾的街巷里歌声弥漫, 一下子就组成了 20 多个合唱队。

改装轴承车

8.26

东郊区金桥乡金巷农业社基本完成生产半机械化改造，1958 年 8 月 26 日，社农业机械制造厂正在改装轴承车。是年，为适应郊区农具改革走向半机械化的道路，一个用土洋结合办法生产的东风轴承车辆制造厂在东郊区东沟镇建成，日产〝6205〞型滚珠轴承 1000 只。这个工厂是由三个脚踏车修配小组和一个转业的牙刷生产合作社合并而成，工人们〝雄心万丈〞表示要制造过去只有现代大工厂才能制造的滚珠轴承。

山芋登宝座

8 月

1958 年 8 月，上海举行山芋食品点心展览。"变薯类为主粮，让山芋登宝座"，这是当年本市饮食行业职工们提出的口号，以迎接山芋大丰收。饮食业职工经过努力，创造了一千三四百种用山芋制成的食品和菜肴。种类从包子、面条、饺子、到面包、饼干、点心，都是用山芋和面粉混合制成的。"到会者尝试了部分食品。一致认为大部分食品色香味和不掺山芋制成的食品完全一样。"

工业抗旱

8.**31**

1958 年 8 月 31 日，家住大新里的 61 岁周老太太拿出家中的废铜烂铁，上交国家，支援工业抗旱。全国大炼钢铁，当时称作"钢铁元帅开帐"，而为支援"元帅"早日升帐，克服原料不足，发动群众搜集废钢铁，是谓"工业抗旱"。一周时间内，全市上万条里弄，成千个居民委员会都出动了"抗旱"大军，江宁区的里弄居民出售的废金属有 200 多吨。香粉弄的陶老太太，一定要求将铁床等 100 余斤金属捐献给国家，经过几次说服，还是坚持不收分文。

"人民公社是支花"

"人民公社是枝花／开花十里香万家／制度优越方向好／人人都把公社夸。"

1958年9月13日,《解放日报》在第四版的右下角,选登了两首上中乡新龙华社俱乐部成员选送的诗。在诗歌中,社员们称颂人民公社是一个"男女老少都爱它,衣食住行有保障,公社就是我伲家"的地方,表达了对人民公社的极大好感。

就在这首诗登出一周后,1958年的9月21日,上海第一个人民公社——七一人民公社成立,从此,上海的郊区农村进入全面人民公社化时代。

如今的上海郊区中的宝山、嘉定、松江、金山、青浦、奉贤和崇明,在1958年之前都属于江苏省。在这一年,国务院先后两次将上述地区,连同如今属于闵行的上海县、如今属于浦东新区的川沙县和南汇县,共10个县,都划归上海市管理,使得上海市的郊区范围扩大。

初衷是极好的。怀着对早日实现共产主义的热望,1958年8月底,写下这首诗的上中乡所属的上海县旗下的七宝镇和莘庄、虹桥、宝南、朱行、华村,包括上中六个乡在内的干部一起到河南省七里营参观回来。在向乡镇高级农业社干部介绍参观感想后,当场决定六乡一镇合办人民公社。

"七一"人民公社包括六乡一镇共22000余户,8万人口,4万多劳动力,10万亩土地,还有乡办工厂19个,社办工厂40个。公社建立管理委员会,下设农业、工业、畜牧、建设、武装保卫、内务、文教卫生、供销、信贷、劳动工资、生活福利等部,另设监察委员会、计划委员会、农业科学研究所和气象组等单位。公社下边设大队、生产队,实行三级制领导。

据记载,上中乡一位58岁的妇女为迎接办公社,和青壮年一道劳动,别人劝她回去,她说:"我不老,你们干啥我干啥。"妇女们对人民公社更抱着极大期望,她们说:"解放思想办公社,办好公社幸福多,托儿所、幼儿园,妇女劳力得解放,生产发展生活好,老人晚年也欢笑。"不少单干户也报名入公社。

到了这一年10月1日,全市郊区农村全部实现人民公社。而随之而来的,首先是制定和落实"大跃进"的高产指标,随后是刮起了"高产卫星"的"浮夸风"。

"七一"人民公社成立当天,就初步订出1959年的生产规划,要求实现水稻、小麦亩产各1万斤,蔬菜5万斤,油菜、皮棉各1000斤,生猪12万头,奶牛500头,兔羊各2万头,鸡鸭10万只,鱼千万尾,争取粮食自给并有余粮。事实上,当时上海郊区各县都在预估计

1958年9月1日，村民把要求加入人民公社的决心书送到乡人委会。

划时普遍提出了高指标。包括上海县马桥乡对一块水稻试验田提出亩产 18 万市斤的高指标。为了完成指标，深耕过度、密植过度等不符合客观规律的行为，给郊区的农业生产实际造成了很大损失。

当时，虽然有一些农村干部想要抵制，但大风之下，众音噤声。当时上海开展的"拔白旗、插红旗"的运动，将这一年郊区中占农村干部总数 5% 的干部当作"白旗"对象。如此，对那些过高指标的抵制之声也就被消音了。

1958 年 10 月 28 日，上海美术设计公司的创作人员下乡来到群力人民公社，创作歌颂人民公社的壁画。

揭露美帝

1958 年 9 月 12 日，上海第一师范学院的学生在电车上宣传当前国防形势，"揭露美帝侵略我国的罪行"。是年 8 月，中国人民解放军大规模炮击由国民党军队占据的金门岛，而美国威胁进行干预。美国此举引发中国人民的强烈愤慨。上海群众多次游行示威，人数最多的一天达到 250 万人。很多青年报名，要求学习射击、驾驶摩托等军事技术。一些参加集会的聋哑市民，用狠狠顿足表达自己的愤怒。

里弄妇女工厂

9.27

1958 年 9 月 27 日，吉慎里的家庭妇女在赶制急救包，"关心集体和共产主义的风气正在形成"。吉慎里有 800 多户居民，70% 以上是职工家庭，有劳动力的妇女 360 人。经动员后，妇女们成立里弄工厂、哺乳室和食堂，以及包括有政治哲学班、会计班、文化班等的红专学校，为家庭妇女解决后顾之忧。举办食堂时，大家拿出家中多余的锅子、碗、筷……她们说："大家都来支援我们，我们一定要把这个大家庭搞好。"

赶超英国

10.**1**

1958 年 10 月 1 日，上海中百一店挂出的巨幅标语非常醒目。为庆祝建国九周年纪念日，上海当日举行隆重的庆祝大会和盛大的游行。上午，国庆节大会在人民广场举行。大会结束后，全市又以人民广场为中心举行游行。全市所有高大建筑物上都悬挂着巨幅标语，所有通衢大道都披红挂绿，张灯结彩，大街小巷到处红旗飘扬，整个上海呈现一片喜庆的节日景象。市郊农村，更是处处有歌声，社社有聚餐，欢庆人民公社的成立。

"全市处处钢水流"

1958年8月17日，中共中央在北戴河召开政治局扩大会议，通过《全党全民为生产1070万吨钢而奋斗》的决议，从此掀起轰轰烈烈的全民大炼钢铁运动。

在上海，市里提出全年完成120万吨钢的指标。虽然冶金系统斗志昂扬，但现实情况是，当时上海现有的冶金系统的钢铁厂无法完成全市钢铁生产的高指标，而炼钢的原材料如生铁等又很缺乏。怎么办？当时《人民日报》先后发表系列社论，提出发动群众搜集废钢铁解决原材料不足的困难，并说钢铁工业应以"小土为主"。这样，上海就出现了把"大、洋、群"和"小、土、群"结合起来的群众炼钢运动。其中，前者指的是大型钢铁工厂以现代设备和生产工艺发动群众炼钢，后者所指是发动群众用土炉子炼钢。

什么是炼钢？炼钢需要哪些设备？钢铁和其他金属有什么区别？小土炉子能否炼出钢……在所有的情况都一知半解甚至一无所知的情况下，全市人民动员起来了，满怀激情地投入到轰轰烈烈的炼钢运动中去。

在很短的时间内，全市迅速收集到废旧金属17万吨。其中，很多是从单位、机关、学校甚至居民家中拆下的铁门钢窗。全市从市区到郊县农村，建立起大小土炉子6700多只。上至干部领导下至学生居民，包括驻沪官兵和13万家庭妇女，为了配合炼钢工人完成全市年产120万吨钢的任务，纷纷行动起来。

市人委直属机关的干部，以中苏友好大厦西边的空地为第一钢铁基地。机关事务管理局和衡山宾馆的干部职工一天内就建起土炉6只。普陀区的里弄居民在干部和积极分子的带头下，和区内的工厂企业挂钩协作，两天内就建成大型土炉5只，小型土炉13只。

这些土法坩锅炼钢的设备一般都极为简便，只要砌一个炉灶，买几只石墨坩锅，有一只小马达就可以了。在建炉的过程中，许多单位没有现成的设备，也没有人懂得炼钢的常识，有些人甚至根本分不清什么是钢什么是铁。

但压倒性的激情让群众不愿懈怠。大家向党立誓说："腰为土炉瘘，汗为钢水流，钢要炼得多又好，人要炼得钢样强。"

1958年9月，上海百厂还举行造炉大竞赛，坚决保证要在9月份提前完成比上个月增加三倍多的冶炼设备的生产任务，"支援华东和全国各地早建炉早出钢铁，给美国侵略者以狠狠的打击。"

在"众人拾柴火焰高，全市处处钢水流"的场景下，截至1958年12月底，本市有近40万人参加炼钢，建成的低温反射炉、铲炉、坩埚炉等达2万多座。1958年全市钢产量增加到122.26万吨，比上年增长近1.4倍。从数据上看是超过了预定的高指标任务，但增产的钢铁有不少是质量低劣，根本不能使用的，而在当时，这恰恰是不重要的。

1958 年 10 月 9 日，蓬莱区清流街办事处居民生产自救小组在用土法炼钢。

社里大联欢

12.21　1958 年 12 月 21 日，松江县张泽人民公社举行"吃饭不要钱"社里大联欢。当时的报道表扬了这个公社在办食堂中注意勤俭，做到"用粮少、吃得饱，花钱少，吃得好，烧草省，吃得热"。据报道，在成立之初，由于"反正吃饭不要钱，何必斤斤计较"的思想，不少食堂用粮用钱都无计划。譬如，11 月份公社计划用粮 65 万斤，但实际吃掉了 81.4 万斤，平均每人吃了大米 43 斤。有些贫农社员担心地说："这样吃法，是吃不长久的。"

本书摄影记者名单及图片索引

图书在版编目（CIP）数据

意气风发时：1954—1958 / 解放日报编著 .—上海：上海三联书店，2017.6
ISBN 978—7—5426—5927—9

I.①意… II.①解… III.①《解放日报》—史料—上海—1954—1958 IV.① G219.297

中国版本图书馆 CIP 数据核字（2017）第 096841 号

意气风发时：1954-1958

编　　著：解放日报
责任编辑：黄　韬　　姚望星
整体设计：袁银昌　　李　静
印前制作：上海袁银昌平面设计工作室
监　　制：李　敏
责任校对：张大伟

出版发行：上海三联书店
　　　　　（201199）中国上海市都市路 4855 号 2 座 10 楼
电　　话：23895547（邮购）
印　　刷：上海雅昌艺术印刷有限公司
版　　次：2017 年 6 月第 1 版
印　　次：2017 年 6 月第 1 次印刷
开　　本：889×1194　1/16
字　　数：60 千字
印　　张：16
ISBN 978—7—5426—5927—9 / K·420
定　　价：200.00 元

敬启读者，如发现本书有印装质量问题，请与印刷厂联系 021-68798999